LOS NOMBRES DE HÉROES DE LA FE

Los nombres de héroes de la fe

Mark A. Tabb

Editorial Portavoz

Título del original: *Names of Heroes of the Faith*, © 1997 por Moody Bible Institute of Chicago, Chicago, Illinois 60610-3284. Traducido con permiso.

Traducción: Francisco Vidales Cruz

EDITORIAL PORTAVOZ
P.O. Box 2607
Grand Rapids, Michigan 49501 USA

Visítenos en: www.portavoz.com

ISBN 0-8254-1698-1

1 2 3 4 5 edición / año 04 03 02 01 00

Impreso en los Estados Unidos de América
Printed in the United States of America

Dedicado a mi abuelo,
A. B. Hervey, quien oró durante
muchos años pidiendo que alguno de sus cinco
nietos llegara a ser pastor algún día, y que sin
embargo no vivió para ver a Dios contestar su
oración en el más joven de los cinco.
Le debo tanto a mi abuelo.
Todo lo que Dios hace por medio de mi
vida tiene su origen en sus fieles oraciones y
el ejemplo que dio durante su vida.

Agradecimientos

Gracias a mi esposa, Valerie, y a nuestras tres hijas: Bethany, Hannah y Sarah, por su paciencia conmigo Durante la redacción de este libro. Gracias también a Jim Bell, de Moody Press, por invitarme a contribuir en la serie de libros "Los nombres de Dios", y a Cheryl Dunlop, mi editora en Moody Press, por su excelente trabajo en nuestro segundo proyecto juntos.

También quiero agradecerle a mi familia de la iglesia, la Primera Iglesia Bautista de Knightstown, Indiana, pues, siendo su pastor, me dio la libertad de perseverar en mi pasión por la escritura.

Índice

Introducción
Héroes

Aquellos tenidos en gran estima por sus logros o cualidades; hombres y mujeres que son admirados por sus valientes o nobles obras.

Héroe. La simple mención de la palabra evoca imágenes de personalidades fuera de serie; almas valerosas que nunca retroceden ante el peligro. No existe montaña demasiado alta, ni enemigo demasiado feroz para ellos. Seres humanos ordinarios como usted y como yo huimos; pero los héroes se mantienen firmes. Ellos se niegan a rendirse aún frente a las posibilidades más remotas. La historia está llena de héroes verdaderos. Lewis y Clark conquistaron ríos, montañas, temperaturas gélidas y hambre para atravesar un continente inexplorado. Winston Churchill levantó a una nación y al mundo contra la máquina de guerra nazi y salió victorioso. Neil Armstrong hizo lo que los hombres siempre habían soñado hacer desde el inicio del tiempo, cuando pisó la superficie de la Luna. Amelia Earhart, Lucky Lindy, Babe Ruth, todas fueron héroes; personajes audaces que hicieron lo imposible.

Cuando comenzamos a explorar las vidas de los héroes de la Biblia, la ilustración se vuelve aún más impresionante. Agréguele la dimensión de la fe y encontramos no solo héroes, sino superhéroes, gente que cambió el mundo, trabajadores de milagros. Hombres como Moisés y David hicieron obras más que heroicas; Dios obró lo sobrenatural a través de ellos. Tan solo piense en las hazañas de los héroes de la fe. Unos mataron gigantes mientras que otros derrotaron reinos sin nada más que el cayado de un pastor. Ríos y mares se dividieron, fuego cayó del cielo, horrendas enfermedades desaparecieron; todo a manos de hombres y mujeres llenos del poder de Dios.

No sé de usted querido lector, pero yo estoy muy intimidado por este grupo. Cuando veo sus vidas me siento pequeño y débil. Hace varios años conocí en persona a uno de mis héroes deportivos, Tom Landry, el legendario ex entrenador de los Vaqueros de Dallas. Parado frente a él apenas logré decir algunas palabras que me ridiculizaron a mí mismo. Landry llevó a los Vaqueros de Dallas a cinco campionatos nacionales, ganando dos de ellos. Pararme junto a él hizo sentirme pequeño e insignificante. Solo puedo imaginar el ridículo que haría de mí mismo si pudiera conocer al apóstol Pablo, Noé, Abraham o Josué. Estoy seguro de que me quedaría mudo o la lengua se me enredaría tanto que solo podría producir extraños sonidos guturales en lugar de palabras. Después de todo, estas personas son más que celebridades: ¡Están en la Biblia!

Veo a los personajes cuyas vidas llenan las páginas de la Biblia y me pregunto cómo sería posible relacionarme con ellos. Parecen tan fuertes, tan dedicados; me siento débil, tan fácilmente distraído de las tareas que Dios me encomienda hacer. Daniel se arriesgó a morir para poder orar; yo tengo dificultades para conquistar el sueño durante mis tiempos a solas con Dios. Estas personas en realidad vivieron. Sus historias no son el trabajo de un novelista tratando de sorprendernos con cuentos sobrenaturales. Cada historia en las páginas de las Escrituras es verdad, desde la historia de Caín y Abel hasta los viajes misioneros de Pablo. Puedo tratar con personajes ficticios. Sus aventuras me entretienen y me pueden inspirar, pero saber que Moisés caminó hasta el palacio de Faraón armado con nada más que un cayado de pastor y exigió la liberación de varios millones de judíos, me deja estupefacto por completo. ¿Quién puede relacionarse con un hombre de tal valor?

A través de las páginas de este libro exploraremos el capítulo once de la carta a los hebreos, un pasaje muy atemorizador para los que se nos enreda la lengua cuando estamos ante la presencia de los audaces. Cada párrafo de Hebreos 11 nos pone cara a cara con otro héroe, otra persona que superó obstáculos gigantes para hacer lo imposible. Es una lista de "quién es quién" de los santos del Antiguo Testamento: gente que cambió el mundo, verdugos de gigantes, salvadores. Nos encogemos ante su presencia, y nos preguntamos que tienen estos héroes de la fe en común, si es que hay algo, son frágiles criaturas de polvo como usted o como yo.

Pero cuando echamos un vistazo más detallado a sus historias, no encontramos superhombres o supermujeres saltando de un solo brinco sobre faraones altos. Por el contrario, encontramos individuos comunes, personas exactamente como usted o como yo. Ellos lucharon con la duda y tuvieron dificultades para vencer sus propias incoherencias. Sus hazañas pueden ser más grandes que la vida misma, pero los personajes que llenan los capítulos de Hebreos 11 son humanos. De hecho, podemos participar con ellos del mismo ingrediente que hizo sus hazañas posibles: la fe. Escuche cómo el autor de la carta a los hebreos comienza cada una de las historias.

Por la fe Abel ofreció a Dios más excelente sacrificio...
Por la fe Enoc fue traspuesto para no ver muerte...
Por la fe Noé (...) con temor preparó el arca...
Por la fe Abraham (...) ofreció a Isaac...
Por la fe bendijo Isaac a Jacob y a Esaú...
Por la fe Jacob, al morir, bendijo a cada uno de los hijos de José...
Por la fe José (...) dio mandamiento acerca de sus huesos...
Por la fe Moisés (...) fue escondido por sus padres...
Por la fe Moisés (...) rehusó llamarse hijo de la hija de faraón...
Por la fe pasaron el Mar Rojo como por tierra seca...
Por la fe cayeron los muros de Jericó...
Por la fe Rahab la ramera (...) habiendo recibido a los espías en paz...

Por la fe, por la fe, por la fe: cada una de estas personas mencionadas fueron elogiadas por Dios por lo que hicieron por fe. El Señor no se quedó contemplando con asombro las poderosas obras que lograron. El Señor no estaba impresionado por su audacia y valor. Sin fe ellos se habrían encogido de temor. Sus nombres y sus hazañas se habrían borrado de la memoria hace mucho tiempo. Pero debido a que ellos estuvieron dispuestos a confiar en Dios a pesar de la evidencia en contra, fueron elogiados por Dios.

¿Qué es esta cosa llamada fe que permitió que seres humanos ordinarios hicieran hazañas extraordinarias? Escuche la definición que el autor de Hebreos nos da como introducción a la lista de gigantes: "Es, pues, la fe la certeza de lo que se espera, la convicción de lo que no se ve" (He. 11:1) Encuentro esta definición increíblemente simple para una fuerza tan poderosa. Fe es la certeza de lo que se espera. No cometa el error de asumir que la fe es alguna clase de fuerza activada por el pensamiento positivo. Tener la certeza de lo que se espera no significa que si creemos lo suficiente todas nuestras esperanzas y sueños se harán realidad. En su lugar, la fe se enfoca sobre Dios y el cumplimiento de las promesas que Él hace. Todos aquellos mencionados en el capítulo once de Hebreos esperaron ver las promesas de Dios hacerse realidad. Esperaron la salvación, la liberación; esperaron acercarse a Dios y entrar en su descanso. La mayoría de ellos nunca vivieron para ver el cumplimiento de sus esperanzas, pero por fe, continuaron a la meta sin darse por vencido.

La fe también nos garantiza lo que no vemos. Muy poca gente ha llegado a ver a Dios. El Ángel del Señor se apareció a Abraham. A Moisés se le dio el privilegio de ver por un momento la gloria de Dios. Estos dos fueron la excepción. La vasta mayoría de los héroes de la Biblia fueron como usted y como yo: nunca vieron a Dios, ni tampoco escucharon su voz de forma audible. La mayoría de ellos ni siquiera tuvieron acceso a la Palabra de Dios en forma escrita. Sin embargo cada uno de ellos estaba convencido que Dios existe y que recompensa a los que le buscan de todo corazón.

Tener la certeza de la existencia y la bondad de Dios no era cosa fácil a la luz de las pruebas que varios de ellos soportaron. Enfrentaron obstáculos que casi les gritaban que Dios se había olvidado de ellos. Es fácil hablar acerca de la bondad de Dios cuando la vida pasa sin problemas, pero es un asunto diferente por completo cuando eres vituperado por tu fidelidad a Dios. A pesar de la oposición, a pesar de las penas y los dolores, por la fe, cada uno de estos héroes de la fe perseveró.

En vez de ignorar sus historias y considerarlas como ideales imposibles de igualar, necesitamos detenernos y escuchar sus mensajes eternos. El autor de la Epístola a los Hebreos escogió una amplia gama de personajes para que todos nosotros podamos encontrar a alguien con quien relacionarnos. Me encuentro asombrado del ingenio del autor. Cada personaje, cada historia nos da nueva luz acerca de cómo Dios se relaciona con criaturas de polvo como usted y como yo. Ninguno de estos héroes es perfecto. Algunas de estas historias son casi humillantes. Sin embargo cada una nos lleva de regreso al mismo lugar: la fe. Sin la fe es imposible agradar a Dios.

A medida que veamos más de cerca las vidas de los héroes de la fe, saldremos con una nueva apreciación por las extraordinarias posibilidades de lo que Dios puede hacer con seres humanos ordinarios que estén dispuestos a aferrarse a Él por la fe. Podríamos hasta alejarnos de estas historias diciéndonos a nosotros mismos: “ si Dios puede usarlo a él, entonces seguro que puede hacer algo con mi vida”. Todo lo que se requiere de nosotros es fe, la disposición para confiarle nuestra vida a Dios sin importar lo que podamos enfrentar. Por la fe nosotros continuamos con el legado de los héroes de la fe.

1
Abel

Aliento, vapor, pradera, pasajero

Por la fe Abel ofreció a Dios más excelente sacrificio que Caín, por lo cual alcanzó testimonio de que era justo, dando Dios testimonio de sus ofrendas; y muerto, aún habla por ella. (He. 11:4)

Los primeros días de la primavera en las faldas de las colinas de California central son una experiencia impresionante. Desde mayo hasta el día de acción de gracias en noviembre, la lluvia no cae. A excepción de áreas irrigadas, una mortandad de tierra color café se apodera de todo durante la sequía anual. Después de lo que parece una eternidad, la sequía termina y la lluvia de todo un año comienza a caer durante los meses de diciembre, enero, febrero y marzo. Las colinas reverdecen, pero el verdadero espectáculo no comienza sino hasta principios de marzo. El aumento de la temperatura hace que las amapolas de California y un sin fin de otras flores silvestres cobren vida. Las colinas se ven como si Dios hubiese sacado su acuarela y hubiese salpicado colores por todos lados de la misma manera que un niño de tres años lo hace sobre una hoja de papel. He viajado por todo Estados Unidos y jamás he visto algo que se le parezca. Pero tristemente, poco después de semana santa, la lluvia deja de caer, temperaturas muy bajas hacen su aparición, y las flores se marchitan de la noche a la mañana.

El clima de Israel es muy parecido al de California central. El mismo ciclo de sequía y lluvia hace que las colinas de Judea sigan el patrón de las colinas de las montañas de la Sierra Nevada en California. El pasto aparece durante el húmedo invierno seguido por una lluvia de colores, solo para ser erradicados por los calurosos vientos del verano. Al observar este ciclo año tras año llevó al profeta Isaías a escribir:

> *Toda carne es hierba, y toda su gloria como flor del campo. La hierba se seca, y la flor se marchita, porque el viento de Jehová sopló en ella; ciertamente como hierba es el pueblo (Is. 40:6, 7).*

Isaías usó la analogía de la hierba y las flores de la pradera para ilustrar la brevedad del tiempo de nuestra vida. No es más que vapor; como el aliento en una gélida mañana de invierno. La hierba se seca, las flores se marchitan y ninguno de nosotros somos habitantes permanentes del planeta Tierra, somos caminantes por un tiempo muy breve. La pregunta con la que cada uno de nosotros se enfrenta es, ¿cómo usaremos esta breve existencia que Dios nos ha concedido?

La cuarta persona en el registro de la historia nos trae cara a cara con la brevedad de la vida. Abel, el segundo hijo varón de Adán y Eva, es un hombre del cual conocemos muy poco. Su vida entera cabe en menos de un capítulo en el libro de Génesis. Abel fue el primero en hacer muchas cosas por primera vez en la historia humana. Él fue el primer pastor, fue la primera persona catalogada como justa ante los ojos de Dios y fue el primero en los anales de la historia en ofrecer un animal en sacrificio. Sin embargo, Abel es recordado por otra cosa: fue el primer ser humano en morir.

Su nombre cuenta su historia. Abel significa vapor, aliento, campo con pasto, algo temporáneo, que dura solo algún tiempo. Al igual que una pradera que se marchita bajo el sol del verano, su vida fue muy corta. La Biblia nos da tan pocos detalles acerca de su vida que nunca sabremos cómo era. No sabemos si fue un soñador como José, o un líder como Moisés o un hombre de gran valor como Elías. Murió tan rápido que nunca se casó, ni tampoco experimentó el gozo de la paternidad. Después de que murió, su legado desapareció. Nadie continúo la tradición que dejó detrás. Ni siquiera sabemos qué edad tenía cuando murió. Al igual que el vapor, simplemente desapareció en la tarde en la que su hermano lo mató.

Parece extraño, por lo tanto, encontrar su nombre abriendo la lista de los que son recordados por su fe. Abel no tuvo suficiente tiempo para convertirse en padre de naciones, o de escribir volúmenes de poesía o de salvar a su pueblo. Sin embargo, ahí está, al principio de la lista. El escritor de la carta a los hebreos nos dice que Abel continúa hablando a pesar de que está muerto. Su vida no fue nada mas que un vapor, pero su testimonio ha marchado a través del tiempo. Abel murió muy cerca del principio de la historia universal, pero cada generación desde entonces lo ha visto como un ejemplo, un modelo para seguir. Sorprendente. Su vida completa puede ser resumida en diez versículos, no obstante, continúa influyendo en la vida de otros. ¿Qué es lo que su vida nos dice?

Abel, el vapor, continúa viviendo debido a un solo acto: adoró a Dios y Dios se complació de su adoración. Él y su hermano decidieron un día presentar ofrendas al Señor. Caín era un agricultor al igual que su padre y Abel era un pastor. Cada uno de ellos presentó un regalo al Señor. Caín, el campesino, trajo algunos de los frutos de la tierra. La Biblia no nos dice exactamente de qué consistía su ofrenda. Al escuchar esta historia en la Escuela Dominical año tras año cuando era niño, siempre me imaginé que Caín había traído una gran canasta llena de uvas y duraznos y todas las frutas que a mí me gustan. Abel, el pastor, trajo de los primogénitos de sus ovejas, de lo más gordo de ellas. A medida que presentaban sus respectivas ofrendas, Dios aceptó la ofrenda de Abel pero rechazó la de Caín.

Lo que hizo que la ofrenda de Abel fuera mejor que la de su hermano no fue solo el contenido de la ofrenda, sino la manera en la que fue dada. Note, querido lector, lo que Abel ofrendó: lo más gordo de los primogénitos de las ovejas de sus rebaños. Hoy día evitamos las grasas, consideradas como un malvado creador de celulitis, pero en el antiguo medio oriente, las porciones gordas eran los cortes más finos de un animal. Abel también ofreció a los primogénitos. Al hacer esto estaba en efecto testificando que todo lo que tenía provenía de Dios. Ofreció lo mejor de lo mejor en gratitud a su Dios. Caín, por el otro lado, simplemente dio un poco de las sobras de su cosecha. El lenguaje que es usado para describir su acto de adoración implica que estaba haciendo todo por pura fórmula. Caín no ofreció las primicias ni lo mejor de todo lo que tenía; tampoco ofreció el sacrificio de sangre requerido. La ofrenda de Caín fue rechazada porque Dios no responde a la gente que actúa de manera mecánica por obligación o por culpa. Solo los que vienen a Él por la fe encuentran sus brazos abiertos.

Esta historia es muy antigua, pero su mensaje es eterno. Crecí yendo a la iglesia. Aún hoy día en Cinturón de la Biblia en Oklahoma las calles están desiertas los domingos en la mañana y los estacionamientos de las iglesias llenos. Hasta hace algunos años la mayoría de los negocios permanecían cerrados los domingos. Si no ibas a la iglesia, no había nada más que hacer. Ibas, cantabas, escuchabas y te ibas a casa. Ir a la iglesia, ya lo tenía grabado muy en el fondo, era lo que una persona hacía los domingos.

A manera que examino más de cerca mi propia vida, me pregunto cuántas veces mis actos de adoración han sido verdaderamente aceptados por Dios. Para ser bastante honesto, a menudo ni siquiera pienso en qué es lo que Dios siente acerca de las canciones que entono o de las oraciones que hago. Trato de ser sincero, pero después de cantar los mismos himnos toda una vida es fácil concentrarse en nada más que en cantar en el tono correcto. Mi mente se distrae y piensa en el partido de los Vaqueros de Dallas contra los Pieles Rojas de Washington, en lugar de enfocarse en el Señor del universo. La adoración se vuelve automática, por pura fórmula solo porque así se espera que sea.

Abel nos dice que Dios no está impresionado por el hecho de que tomemos un tiempo libre de nuestra ocupada agenda para pasar una hora en la iglesia. Sin la fe no podemos acercarnos al Señor. La fe nos mueve a dar lo mejor de nosotros, a expresar verdadera acción de gracias. Cuando adoramos al Señor por fe, no nos importa cómo nuestra cuenta bancaria se verá afectada por el dinero que damos como ofrenda. Nuestro enfoque estará en Dios y en nadie más, nuestro corazón lleno de alabanza y gratitud a Él. La verdadera adoración no es una cuestión de participación emocional, o de intentar sentir más. Abel no fue elogiado por Dios por sus emociones, sino por su fe que resultó en la adoración que la agradó al Señor. Su vida ilustró las palabras que Jesús le dijo a la mujer junto al pozo: Solo los que adoran al Señor en espíritu y en verdad serán aceptados (Jn. 4:24). Abel hizo esto desde el mismo inicio de los tiempos.

El segundo mensaje de la breve vida de Abel habla del precio de agradar a Dios. Le costó a Abel su vida. No quiero pintar una imagen espantosa o implicar que confiarle a Dios nuestra vida nos costará nuestra vida física. Sin embargo, enfocar nuestra vida en el Señor nos pondrá por lo menos en enemistad con el mundo. Caín no estaba celoso de los rebaños de Abel; estaba enojado porque su hermano complació a Dios mientras que él no lo hizo. Dios amaba a ambos muchachos pero, y este es un pero muy importante, no iba a bajar sus demandas. Después de que Caín se enojó porque el Señor rechazó su ofrenda y antes de que matara a su hermano, el Señor le animó diciendo: "Si bien hicieres, ¿no serás enaltecido?" (Gn. 4:7*a*). Dios le mostró a Caín cómo debía agradarle a Él. En lugar de escuchar y cambiar su corazón, Caín arremetió contra su hermano. No quiso tratar con su propio pecado. En su lugar intentó deshacerse de su hermano cuyo testimonio le recordaba que estaba muy lejos de Dios.

Algunos miles de años después, nos encontramos a Jesús discutiendo con gente celosa que Dios había rechazado. Cuando los líderes religiosos entregaron a Jesús a los romanos para ser matado, no actuaron para proteger la ortodoxia religiosa ni por preocupación genuina por la gente de Jerusalén. Aún Pilato, el autocomplaciente y carnal gobernador romano podía ver que los líderes judíos querían a Jesús muerto porque estaban celosos de Él. Grandes multitudes acudieron para escuchar cada palabra que salía de los labios de Jesús. Jesús desafió el lugar que ocupaban los fariseos como las autoridades religiosas prominentes. Sintieron que su influencia se les escapaba y no podían soportarlo. En lugar de cambiar sus corazones y con humildad seguir a Jesús, decidieron intentar eliminarlo crucificándole.

Aún en nuestra era secular podemos encontrar todavía a los que están afuera del favor de Dios viendo con celo a los que Él ha aceptado. Bajo el riesgo de sonar inapropiado, repetiré una verdad que recorre las páginas de la Biblia: la mayoría de la gente en este mundo está alejada de Dios. Cuando el tiempo acabe y la eternidad llegue para tomar su lugar, la mayoría de los habitantes del planeta Tierra serán separados de Dios para siempre. No es que Dios no ame a todos, tampoco muestra preferencia por una nacionalidad o raza sobre otra. Él ofrece salvación a través de su Hijo para todos los que le sigan por fe. Desdichadamente, muy poca gente está lo bastante desesperada como para aceptar su oferta. La mayoría de nosotros somos demasiado autosuficientes, tan confiados de nuestra propia benevolencia que no pensamos que necesitamos dejar *todo* atrás para seguir a Jesús. Le ofrecemos un poco de nuestra vida aquí y allá. Estamos dispuestos a dejarle que llene nuestra vida con más gozo y paz, pero la amplia mayoría de la gente por todo el mundo y a través del tiempo no está dispuesta a acercarse a Dios bajo sus condiciones. Como resultado, millones lo pierden por completo.

Por favor no me mal interprete. No quiero implicar que los que eligen seguir a Jesús bajo sus condiciones sean de alguna manera superiores a los que lo rechazan. Sin embargo, esta misma queja se presenta de manera constante contra nosotros. Somos acusados de ser intolerantes, incomprensivos, anticristianos, todo porque tomamos las palabras de Jesús en serio cuando dijo: "Nadie viene al Padre si no es por mí" (Jn. 14:6). Al principio del tiempo escuchamos a Caín decir: "te mostraré quién es mejor", al mismo tiempo que ataca y mata a su hermano. La misma hostilidad continúa haciendo que los que rechazan el plan de Dios para salvación estén en enemistad con los que deciden caminar por la fe.

La vida de Abel concuerda con su nombre. En realidad fue un vapor, como el pasto de la pradera del Mediterráneo, que se marchita cuando el calor del verano ataca. Sin embargo, en su breve tiempo de vida, Abel dejó tras sí un efecto duradero. No hizo mucho. Aun el trabajo de su vida concuerda con su nombre. Lo recordamos por un acto de adoración, solo uno. Ofreció un sacrificio agradable a Dios, un sacrificio motivado y dado por la fe. Más allá de eso es un misterio. Nada más es mencionado de su vida. Su hermano es objeto de mucha más tinta en las páginas de la Biblia, pero hasta el mismo Jesús tomó nota de Abel. Como el aliento en una fría mañana de invierno vino y pasó con rapidez, pero su testimonio permanece.

En muchas maneras usted y yo somos exactamente lo opuesto de Abel. Nuestra vida es muy larga en comparación, y podríamos quizá aún lograr más de lo que él hizo, pero nuestros testimonios son como un vapor. Lo que él hizo importó y duró a través de las generaciones porque puso en práctica la fe. Nosotros pasamos una vida entera tratando de construir un legado duradero, pero poco después de que morimos nuestra vida es olvidada. Salomón pudo haber estado hablando de nuestra generación cuando escribió en el libro de Eclesiastés: "No hay memoria de lo que precedió, ni tampoco de lo que sucederá habrá memoria en los que serán después" (1:11). Hombres y mujeres procuran todo lo que el mundo tiene que ofrecer en busca de significado y propósito. La mayoría de nosotros pone a Dios en el asiento trasero para poder perseguir nuestros sueños, sin embargo, una vez que atrapamos nuestros sueños nos damos cuenta de que nuestra vida ha sido invertida en perseguir cosas que en realidad no importan.

Usted y yo necesitamos escuchar a Abel, quien aún habla mucho después de su muerte. Dios nos llama a contar nuestros días y hacer que cada uno de ellos cuente por la eternidad. No necesitamos edificar imperios para Dios. Él no requiere eso de nosotros. En su lugar, quiere de nosotros lo que elogió en Abel: anhela que nosotros le sigamos por fe. En realidad es muy simple. Nuestra vida no es más que un vapor. Necesitamos invertirla en cosas que duran por siempre.

Abel aún habla; todavía le formula a usted y a mí una sencilla pregunta: ¿Cómo estás invirtiendo el vapor de tiempo que Dios te ha dado? Si su vida terminara hoy, ¿viviría su testimonio por las generaciones?

Amado Dios, enséñanos a contar nuestros días de modo que traigamos al corazón sabiduría. Concédenos la sabiduría para pasar nuestro breve momento en esta tierra caminando contigo por fe. Que los testimonios que dejamos atrás vivan por mucho tiempo después de que ya no estemos. Amén.

2
Enoc

Dedicado

Por la fe Enoc fue traspuesto para no ver muerte, y no fue hallado, porque lo traspuso Dios; y antes que fuese traspuesto, tuvo testimonio de haber agradado a Dios. (He. 11:5)

El paso es monótono, la trama deprimente. Adán vivió novecientos treinta años, y murió (...) Set vivió novecientos doce años, y murió (...) Enós vivió novecientos cinco años, y murió (Gn. 5:4, 8, 11). Con la excepción de Adán, la Biblia no nos da ningún detalle acerca de las primeras generaciones de la raza humana excepto el hecho de que estos hombres vivieron, tuvieron hijos y murieron. Todos murieron. Como en una tragedia de Shakespeare, los personajes caminaron por el escenario, tuvieron una pequeña parte y murieron. "Y fueron todos los días de Cainán novecientos diez años; y murió (...) Y fueron los días de Mahalaleel ochocientos noventa y cinco años; y murió (...) Y fueron todos los días de Jared novecientos sesenta y dos años; y murió" (vv. 14, 17, 20). La duración de sus vidas nos sorprenden.

¡Más de novecientos años! Imagínese nada más la cantidad de fibra que usted y yo tendríamos que consumir solo para alcanzar una décima parte de la duración de la vida de los primeros descendientes de Adán. Sin embargo, por todos sus años, lo único por lo que muchos de ellos son recordados es por el hecho que vivieron, tuvieron hijos y murieron. Si ellos no hubiesen vivido tanto tiempo nos hubiese costado mucho notar su existencia. Como solemos hacer con los nombres en las genealogías en otras partes de la Biblia, nos hubiésemos saltado la lista de sus nombres para continuar con algo más interesante. Vivieron y murieron. Nosotros vivimos y morimos. Nuestra duración de vida es más corta, pero el mismo destino nos espera.

En medio del eterno ciclo de tragedia y muerte se encuentra la historia de Enoc. Su historia comienza como la de todos los demás en el quinto capítulo de Génesis: "Vivió Enoc sesenta y cinco años y engendró a Matusalén" (Gn. 5:21). ¡Qué aburrido, más de lo mismo! Ya sabemos qué es lo que sigue. Enoc vivirá por una increíble cantidad de tiempo, tendrá otros hijos e hijas y morirá, de la misma manera en la que los demás antes y después que él lo hicieron. El círculo de la vida rodará sobre Enoc de la misma manera en que lo hace con cada uno de los seres humanos. Las Escrituras dicen: "Y caminó Enoc con Dios, después que engendró a Matusalén, trescientos años, y engendró hijos e hijas. Y fueron todos los días de Enoc trescientos sesenta y cinco años. Caminó, pues, Enoc con Dios, y desapareció porque le llevó Dios" (vv. 22-24).

Lo que pensé... vivió, tuvo hijos, y... *¿qué hizo?* Desapareció. Dios se lo llevó. El autor de la carta a los hebreos nos aclara lo que pasó: "Por la fe Enoc fue traspuesto para no ver muerte" (11:5). Enoc venció la muerte; escapó de la sentencia de muerte que descansa sobre cada uno de nosotros. No murió. Tan difícil como es imaginarlo, Enoc pasó de forma directa de la vida en este planeta a la gloria del cielo.

Me gustaría conocer muchos más detalles acerca de este hombre. Podría vender millones y millones de libros si pudiera descubrir el secreto para burlar a la muerte. Sin embargo, la Biblia no nos da muchos detalles acerca de él. Si esta fuera una película, es posible que Clint Eastwood haría el papel de Enoc. Como uno de los otros personajes de Eastwood, Enoc es un hombre misterioso, un hombre que emociona nuestras imaginaciones más con lo que se queda sin decir, que con lo que se dice. Un día sus amigos y familia despertaron, tocaron a su puerta y no lo encontraron. Se había ido. Grupos de rescate fueron formados y su fotografía fue plasmada en lo que sería el equivalente antiguo de un cartón. Es posible que llegaron hasta el punto de buscar en el lago local y buscar en la maleza de los bordes de los campos, todo sin resultados. Los rumores comenzaron a volar y más tarde fueron confirmados: Dios se había llevado a Enoc directamente al cielo.

En alguna manera Enoc es una parada curiosa en un viaje a través de la Biblia. Como parte del salón de la fama de la fe encontrado en el capítulo once de Hebreos, el guía del viaje siempre empieza con las palabras: "este es el hombre que nunca murió". Por lo general esto capta la atención de los turistas. Pero hay mucho más acerca de la vida de Enoc que nada más que el hecho de que su vida nunca llegó a un fin. Enoc está en una categoría aparte de los otros personajes que vivieron previo al diluvio de Noé, puesto que es el único del que se ha dicho que "caminó con Dios". Esto podría no sonar como algo sobresaliente, sin embargo significa mucho más que el hecho de que nunca murió. Esto pone a Enoc aparte, como un producto raro, no solo en el mundo antiguo sino en todas las eras.

"Caminar con Dios" es más que un sinónimo de ser religioso. Implica más que tratar de guardar algunos mandamientos o vivir una buena vida. La Biblia usa la palabra *caminar* para describir el estilo de vida de una persona. Cualquiera puede hablar por hablar, pero Enoc practicaba lo que predicaba puesto que caminó con Dios. Todo acerca de su vida puede ser resumido con esa corta frase. La gente que lo conocía le recordaba por una cosa: fue consagrado en realidad, de la misma manera que su nombre lo implicaba. Enoc hizo más que darle a Dios una hora de su tiempo una vez a la semana u orar durante los tiempos de crisis. Enoc vivió una vida de consagración a Dios. Como el autor de la carta a los hebreos notó, Enoc fue elogiado como un hombre que agradó a Dios.

Tenemos imágenes estereotipadas acerca de la apariencia de un dedicado seguidor de Dios. Mujeres dedicadas tienen el cabello largo, siempre usan faldas o vestidos, y nunca usan maquillaje. Hombres santos tienen cortes de cabello estilo militar y usan anteojos gruesos y calcetines blancos. Ellos raramente se sonríen puesto que toman a Dios, el pecado y la salvación demasiado en serio. Por lo general pensamos en ellos en términos de lo que no hacen en vez de por lo que hacen. No fuman, no toman, no usan lenguaje altisonante, no tienen impulsos sexuales dominantes, no escuchan *rock and roll* ni van al cine. La mayor parte de su tiempo es invertido en la iglesia o en reuniones de oración. Los mas dedicados llevan Biblias de bolsillo o una lista de los Diez Mandamientos para estar seguros de que nunca cruzan la línea del pecado.

El problema con nuestros estereotipos es que ignoran el punto de lo que está sucediendo en las vidas de los que siguen al Señor. Enoc evitó de manera rigurosa el pecado; sin embargo, eso solo fue una pequeña parte de la vida de este hombre. La Biblia nos da una imagen de él como un hombre que conocía a Dios de una manera en la que la mayoría de nosotros raramente soñamos. Enoc caminó con el Señor, y pasaban tiempo juntos. Por supuesto que Enoc guardó los mandamientos que conocía (tenga en cuenta de que las tablas de la ley de Moisés se harían varios miles de años después), en particular el primer y gran mandamiento: "Amarás al Señor tu Dios con todo tu corazón y con toda tu alma y con toda tu mente" (Mt. 22:37). Dios llevó a Enoc directamente al cielo porque se acercó tanto al Padre que el Señor decidió quitar toda barrera entre ellos, incluso la mortalidad de Enoc.

Enoc se fue hace mucho tiempo. Su vida nos lleva de regreso a una era cuando el mundo era joven. Los tiempos pueden haber cambiado, pero Dios no. Dios aún quiere tener la misma relación íntima con usted y conmigo como la que disfrutó con Enoc. Escuche el plan más grande de Dios para todos nosotros:

> *Vi un cielo nuevo y una tierra nueva; porque el primer cielo y la primera tierra pasaron, y el mar ya no existía más. Y yo Juan vi la santa ciudad, la nueva Jerusalén, descender del cielo, de Dios, dispuesta como una esposa ataviada para su marido. Y oí una gran voz del cielo que decía: He aquí el tabernáculo de Dios con los hombres, y él morará con ellos; y ellos serán su pueblo, y Dios mismo estará con ellos como su Dios. Enjugará Dios toda lágrima de*

los ojos de ellos; y ya no habrá muerte, ni habrá más llanto, ni clamor, ni dolor; porque las primeras cosas pasaron (Ap. 21:1-4).

Eche un vistazo más detallado a este pasaje. Nos dibuja una maravillosa imagen de la cercanía que Dios quiere compartir con nosotros. En lo personal me gusta especialmente la última frase: "Enjugará Dios toda lágrima de los ojos de ellos". Esto me recuerda de algunos de los tiernos momentos que tengo con mis tres hijas, tiempos cuando una de ellas viene conmigo porque está asustada o siente dolor. A medida que las lágrimas descienden por su rostro, todo lo que ella quiere es ser abrazada. Con rapidez la tomo en mis brazos y la abrazo con fuerza. Una vez que las lágrimas dejan de fluir y una sonrisa regresa a su cara, me encanta secar con suavidad las lágrimas que quedaron. Esta es una imagen perfecta de la íntima cercanía que Dios quiere que disfrutemos con Él.

Entre el tiempo de Enoc y el fin del mundo, nuestro Padre busca de manera activa a los que deseen dedicar su vida a Él y caminar con Él. No tenemos que esperar hasta que lleguemos al cielo para que Dios viva con nosotros. Antes de que Jesús partiera, prometió enviar al Espíritu Santo a cada uno de sus hijos para que nunca experimentaran un solo momento de estar separados de Dios. La historia de Enoc nos recuerda que Dios nos ama y que quiere conocernos en forma personal e íntima. A menos que estemos vivos cuando Jesús regrese, no escaparemos de la experiencia física de la muerte, pero la muerte no es el fin de nuestra vida. La intimidad con Dios es una relación que durará para siempre.

Los medios por los cuales podemos entrar en esta relación no han cambiado desde el tiempo de la caída.

Al leer las historias del hombre primitivo como está registrado en el libro de Génesis, a veces nos hacemos la idea de que Dios estaba más cerca en ese tiempo de lo que está ahora. Leemos acerca de Adán y Eva caminando con Dios en el jardín del Edén y a veces asumimos que sus descendientes tenían el mismo privilegio. Cain escuchó a Dios hablar al igual que lo hicieron Noé y Abraham. Era fácil creer en ese entonces. Ángeles visitaban con frecuencia a hombres y mujeres. La voz de Dios bajaba del cielo con un estruendo. En estas condiciones, ¿quién no creería?

En realidad, la fe era aún más difícil en ese entonces que de lo que es ahora. Una enorme expansión de tiempo es cubierta en los primeros pasajes de la Biblia, durante los cuales la población de la tierra se expandió con rapidez. Las señales del amor y el cuidado de Dios fueron extendidas a generaciones enteras, con amplios espacios en blanco entre ellos. Para complicar el asunto estaba la ausencia de la revelación escrita. Enoc no tenía una Biblia (ni siquiera el Antiguo Testamento) para leerla cada mañana, tampoco tenía un himnario lleno de cantos de alabanza y adoración. Todo lo que sabía acerca de Dios era lo que había sido pasado a él a través de sus ancestros. Yo creo que es notable que Enoc creyera y desarrollara un caminar con Dios con tan poca información. No necesitó mucho, puesto que actuó con lo que tenía.

Usted y yo sabemos más acerca de Dios de lo que la generación de Enoc jamás imaginó fuera posible. Además de la Palabra de Dios, tenemos un sin número de libros escritos para ayudarnos en nuestro caminar con el Señor. Tenemos acceso a iglesias, a música cristiana y a centros de retiro y materiales devocionales sin fin. Sin embargo, ¿cuántos de nosotros caminamos de manera consecuente con el Señor? Nuestra información es tan grande que nos acercamos a tener la capacidad de caminar más por vista que por fe. Sin embargo, a pesar de todo lo que tenemos, la mayoría de nosotros todavía luchamos para desarrollar una relación íntima con nuestro Señor.

Necesitamos regresar y analizar con seriedad la vida de Enoc, un hombre que caminó con Dios y que le agradó. Estaba consagrado al Señor. Ninguna otra cosa tomó prioridad sobre esta relación. Quizá es aquí donde la mayoría de nosotros nos quedamos cortos. Sabemos mucho acerca de Dios y hasta aseguramos que lo conocemos de manera personal, pero la mayoría tenemos tantos compromisos, tantas obligaciones de nuestro tiempo y energía que nos quedan muy pocos momentos restantes para el compromiso que en verdad importa.

Señor, quita todo lo que estorba en el camino de mi dedicación a ti. Como lo hiciste con Enoc cuando él te buscó, rompe las barreras para que pueda conocerte en forma íntima y personal. Amén.

3

Noé

Descanso, salvación, seguridad

Por la fe Noé, cuando fue advertido por Dios acerca de cosas que aún no se veían, con temor preparó el arca en que su casa se salvase; y por esa fe condenó al mundo, y fue hecho heredero de la justicia que viene por la fe. (He. 11:7)

Hace algunos años recibí un libro por correo que detallaba cómo y por qué el mundo se acabaría el 28 de octubre de 1992. A las tres en punto de la tarde, hora del Pacífico, Jesús regresaría, la historia llegaría a su conclusión y comenzaría la eternidad: mucha actividad para lo que en otras condiciones sería un día ordinario. Guardé el libro puesto que me pareció un buen tema para iniciar una conversación. "Oye, ¿sabías que el mundo se acabará el 28 de octubre?" Fue una buena pregunta para romper el hielo en las reuniones sociales. La portada del libro era casi tan buena como lo que había adentro del mismo. Para poder probar que el contenido era en realidad inspirado por Dios, la portada presentaba una fotografía de lo que se decía era la gloria *shekiná* de Dios cayendo sobre una reunión de oración en Corea del Sur, donde el 28 de octubre de 1992 se escogió como el *Gran* día. (No estoy seguro de que la foto en realidad mostrara la gloria *shekiná* de Dios; a mí me parecía más una mancha en el negativo.)

En caso de que se lo haya perdido: el mundo no se acabó. El sol salió y se puso; el 28 de octubre de 1992 vino y se fue de la misma manera en que lo hicieron los días previos y posteriores a él. Sin aprender la lección, otros profetas del día del juicio final siguen fijando fechas para el apocalipsis. Uno tras otro marchan sobre la escena, fijan una fecha específica para el fin del mundo y tímidamente desaparecen de la vista cuando sus predicciones fracasan en hacerse realidad. Si la gente no los tomara en serio, serían una gran fuente de material cómico cristiano.

Me pregunto qué habríamos pensado acerca del primer profeta del día del juicio final si hubiésemos vivido hace muchos miles de años durante la vida de Noé. Noé también anduvo proclamando que el fin del mundo estaba cerca. De hecho, estaba tan convencido de sus propias predicciones que hipotecó su futuro para poder construir un gigantesco granero y zoológico flotante. Noé debió haber parecido el lunático más grande que jamás existió desde el tipo que inventó la historia de un hombre que había sido llevado de forma directa al cielo sin morir. ¿Qué persona cuerda creería que un diluvio gigante vendría pronto y arrasaría con todos sobre la tierra? ¿Quién en sus cinco sentidos construiría un barco de 450 pies y tres pisos a kilómetros y kilómetros de distancia del cuerpo de agua más cercano? Locura, eso era, locura pura. Solo un tonto creería esos cuentos salvajes del viejo loco que pasaba su tiempo libre pastoreando animales exóticos.

Este anciano loco, Noé, es uno de varios tontos en la

lista de los que fueron elogiados por su gran fe. Aquellos de nosotros que hemos zarpado para seguir a un Dios invisible en un viaje a un destino que nadie ha visto jamás parece un algo loco a los ojos del mundo. Decimos que tenemos una palabra de Dios, una palabra que nos advierte de la destrucción inminente. De la misma manera que lo hizo con Noé, Dios nos ha dado la tarea de salvar al mundo. Solo que el mundo no quiere ser salvado.

El nombre de Noé significa descanso, pero esto habla mas acerca de la vida que soñó tener que de la vida que en realidad vivió. La palabra *descanso* va mas allá de significar cesar de tener actividad o hacer un alto. El Antiguo Testamento usa el término para describir el echar raíces y disfrutar la seguridad y la satisfacción. Esto es sinónimo de otro término familiar, *shalom*, paz. Josué y los israelitas disfrutaron tal descanso después de que conquistaron la tierra de Canaán y se establecieron para disfrutar la tierra que fluía leche y miel. Dios nos promete a los que caminamos con Él por fe que nosotros también entraremos algún día en su descanso. En ese día disfrutaremos el cumplimiento de todas las promesas que nos hizo en Cristo, siempre que Dios more en medio de su pueblo.

Noé sabía que el descanso estaba esperando en algún lugar mas adelante, pero nunca pudo alcanzarlo en su totalidad. La historia de su vida nos enfrenta cara a cara con un hombre cargado con una increíble misión. Los ambientalistas hablan acerca de salvar las especies de la extinción, pero para Noé fue más que sencillamente hablar. De forma literal, Noé fue responsable de la supervivencia de cada criatura terrestre viviente, incluyendo la raza humana. Mucho antes de la invención de la sierra de cadena tuvo que cortar suficientes árboles para hacer un arca de un millón y medio de pies cúbicos. ¡Un millón y medio! Eso era solo el casco exterior. Establos, comederos y almacenes tenían que construirse adentro. Como si eso no fuera suficiente, la estructura entera tenía que hacerse a prueba de agua para poder soportar un año en el agua. Recuerde, Noé vivió antes de la invención de las más elementales herramientas que usan carpinteros de hoy. Lo que es más, vivió antes del perfeccionamiento de la mayoría de los metales. ¡Qué tarea monumental por realizar para un hombre y sus tres hijos! No, descanso no es exactamente el término que escogería para describir la vida de Noé. ¿Quién pensaría siquiera en detenerse con tan nefastas consecuencias en juego?

¿Quién podría pensar en hacer nada cuando el destino de la raza humana está en juego? Dios nunca se ha aparecido a ti o a mí en la misma manera que se le apareció a Noé: sin embargo, ha puesto sobre nosotros una tarea con consecuencias eternas. A nosotros también se nos ha dado la tarea de salvar el mundo. Las palabras de despedida de Jesús a sus discípulos y a todos nosotros, resuenan con el mismo poder que tenían las palabras que el Señor dijo a Noé: se le ordenó construir un arca y a nosotros se nos ordena a ser sus "testigos en Jerusalén, en toda Judea, en Samaria y hasta lo último de la tierra" (He. 1:8). Tanto tiempo ha pasado desde Pedro, Jacobo, Juan y los demás que escucharon estas palabras que a veces olvidamos que también se aplican a nosotros. Cristo dejó su iglesia en la tierra para salvar el mundo, para llevar las buenas nuevas de perdón a través de la cruz a todo el mundo.

De la misma manera en la que el trabajo de Noé no fue completado sino hasta que comenzó a llover, nuestra tarea continúa hasta que las nubes se partan para dar paso al regreso de Jesús. ¿Descanso? No lo creo. Aún hay billones de personas que nunca han escuchado del nombre de Jesús. Muchos más han escuchado de Jesús pero no tienen idea de quién es o qué es lo que ha hecho. No tenemos que ir a los fines del mundo para encontrar gente que está muriendo sin Jesús. Estas personas viven junto a nuestras casas y trabajan con nosotros. A todos lados donde miramos los encontramos. La diferencia para ellos entre nuestro silencio y nuestra fidelidad es la diferencia entre el cielo y el infierno. Con tales consecuencias tan nefastas en la balanza, ¿quién puede encontrar el tiempo para relajarse y pretender que el trabajo está terminado?

Hay más acerca de la historia de Noé que tan solo el arca y el diluvio. La primera gota de lluvia no cayó sino hasta dos meses después de su cumpleaños número seiscientos. La Biblia no nos da muchos detalles acerca de sus primeros años. Al parecer era dueño de una granja y estaba ocupado con la tarea de educar tres hijos. Más allá de eso nadie sabe más. Sin embargo nunca conoció lo que era el verdadero descanso durante su tiempo. Nunca encontró el lugar de la paz y la seguridad.

No conocemos mucho acerca de la vida y los tiempos de Noé excepto que vivió en una época de depravación sin igual. La violencia llenaba las calles, y el pecado sexual estaba en todos lados. Aun los que se suponía conocían a Dios no vivían de acuerdo a ello. Después de años de casarse y darse en casamiento con los que habían olvidado a Dios, aun los "hijos de Dios" vivían como todos los demás. Al ver nuestra generación a menudo pensamos que el mundo ha ido demasiado lejos para ser salvado, pero en la época de Noé así era. Dios mismo declaró que se arrepentía de haber creado al hombre. A manera que Él veía desde el cielo, su corazón se llenaba de dolor. Nada podía salvarlos; era demasiado tarde. Lo único que quedaba por hacer era destruirlos a todos, borrarlos por completo, como si el hombre jamás hubiera sido creado.

Ya conocemos la historia. Dios vio a Noé, el único hombre justo en el planeta, y lo salvó. Desdichadamente, olvidamos lo difícil que era la vida para Noé y su familia antes de llegar aquél día. Al rechazar vivir como el resto del mundo se puso en enemistad con todos. Construir el arca era una tarea descomunal pero debió haber sido una clase de alivio. Con seguridad pensó que podría tener una oportunidad para descansar mientras estaba a bordo. Ir en contra de la marea es agotador. Noé tuvo que hacerlo todos los días, no se identificaba con el resto del mundo. Su estilo de vida se destacaba por extraño y anticuado. Debió haber sido la burla de todos sus vecinos. Todos los días clamaba a Dios pidiendo acción. Nosotros nos sentimos desmoralizados por la presión de nuestros prójimos después de unos cuantos días o semanas. Póngase usted mismo en el lugar de Noé. ¿Cómo habrá sido vivir como un forajido por seiscientos años?

Veo a nuestro mundo como un lugar agotador donde vivir. La tentación está en todas partes. Ir en contra de los demás es un trabajo duro. Me canso de tratar de ser diferente mientras que mi carne quiere ceder y disfrutar la buena vida prometida en los comerciales de cerveza. Aquellos de nosotros que tratamos de seguir a Cristo por fe, no podemos bajar la guardia ni siquiera por un momento. Estamos rodeados por gente que le encantaría vernos caer. Usted los ha escuchado y yo también.

Vamos... ¿qué daño puede hacerle?
¿Por qué tienes que ser tan raro con respecto a todo esto?

No es gran cosa.
Todos los demás lo están haciendo.
Una vez no importará.
¿Cómo sabes que es malo si ni siquiera lo intentas?

Cuando caminamos por fe, no encontramos muchos momentos en los cuales podamos bajar la guardia y descansar.

Noé encontró un nuevo adversario después de que bajaron las aguas del diluvio. Una vez que los animales habían salido del arca debió haber pensado que por fin podría descansar. Por fin los impíos habían sido eliminados. No tenía que preocuparse de que se rieran de él o que trataran de hacerle pecar. Ya tampoco tenía que preocuparse por los animales. Debió haber necesitado varios años para poder quitarse de su nariz el olor a establo. Ahora los pájaros, las cabras, los conejos y las lagartijas podían cuidarse solos. Noé podía jubilarse. Su trabajo había terminado. Ahora podía descansar.

El libro de Génesis registra una historia de la vida de Noé después del diluvio. Esa historia no ayuda mucho en animar a los fieles. Parece que en su jubilación Noé regresó a atender su viña. El noveno capítulo del libro de Génesis registra un episodio cuando Noé bebió demasiado vino y se quedó inconsciente, desnudo en su tienda. Como dije, esta clase de historia no es la que esperarías escuchar acerca de un miembro del salón de la fama de la fe. Dios en su sabiduría incluye historias como estas para recordarnos que cada una de estas personas fue en verdad humana. Que Noé se haya emborrachado en su tienda nos advierte que aun si Dios quitara a toda la gente perversa de nuestro mundo, tampoco tendríamos descanso en nuestro peregrinaje de fe. Al igual que Noé, usted y yo lucharemos contra nuestra propia carne hasta el día en el que nuestro Señor regrese. Si el hombre a quien Dios usó para salvar el mundo podía caer, entonces también usted y yo podemos.

Noé, cuyo nombre significa descanso, descubrió que en este mundo no hay descanso para los justos. No podemos detenernos nunca; no podemos relajarnos nunca hasta aquél día, cuando nuestro Señor regrese. Solo en el cielo encontraremos el lugar al que por fin podemos llamar hogar.

Señor, dame la fuerza para continuar en la pelea. Ayúdame a testificar con fidelidad acerca de las buenas nuevas de Jesús aun cuando la obra me desgaste. La lucha contra el pecado es casi más de lo que puedo soportar. Señor, levanto mis ojos a ti. Tú eres mi descanso. Amén.

4

Abraham

Padre de una multitud

Por la fe Abraham, siendo llamado, obedeció para salir al lugar que había de recibir como herencia; y salió sin saber a dónde iba. Por la fe Abraham, cuando fue probado ofreció a Isaac y el que había recibido las promesas ofrecía su unigénito. (He. 11:8, 17)

Cuando yo era niño los "*Yankees*" de Nueva York eran mi vida. No solo sabía la alineación entera de su equipo de béisbol, sino que también podía decir de memoria las estadísticas actualizadas de cada jugador. Soñaba con ir a Nueva York para ver a los "Bombarderos del Bronx" en acción. Banderines de los *Yankees* y recortes de periódicos decoraban las paredes de mi habitación, y nunca salía de la casa sin mi gorra de los *Yankees* (incluida una cruz en el punto en que la N y la Y se cruzaban, como en la gorra de Billy Martin). Durante este período de mi vida hice planes para mi futura familia. La chica de mis sueños tendría que estar de acuerdo en nombrar a nuestros hijos en honor a las leyendas de los *Yankees*. Algún día nuestro hogar estaría lleno con el pequeño Mickey y Reggie, Lou y Yogi. Quería conferir una bendición de béisbol sobre mis futuros hijos para que ellos crecieran y fueran estrellas en las grandes ligas.

Dios escuchó mis planes... y nos dio a mí y a mi esposa tres hijas. Supongo que Dios sabía que nunca dejé mi fascinación por el béisbol. (No, no escogí los nombres de mis hijas de la planilla de récords de los *Yankees*, aunque una de ellas lanza una curva natural con la mano izquierda). Mis planes pudieron haber estado un poquito fuera de balance, pero el principio detrás de ellas era muy antiguo. Los padres hebreos no seleccionaban nombres solo porque sonaban bonitos, como a cualquiera que ha tratado de pronunciar el nombre Mefiboset podría parecerle. Los nombres eran dados porque significaban algo. Dentro de cada nombre iba una oración, una bendición o una declaración acerca del futuro del niño. Al leer el Antiguo Testamento, me fascina descubrir cuántas veces la bendición de un nombre definió el curso de la vida de una persona.

Sin embargo, Abram, no cumplió con las expectativas de su nombre. Como bendiciendo a su hijo con el honor más grande que algún hombre pudiera recibir, el padre de Abram, Taré, le confirió el título de "padre exaltado". Hace cuatro mil años, los hijos eran vistos como una señal de la bendición de Dios, así que un *padre exaltado* era un hombre doblemente bendito. Como el salmista dijo,

> *He aquí, herencia de Jehová son los hijos; cosa de estima el fruto del vientre. Como saetas en la mano del valiente, así son los hijos habidos en la juventud. Bienaventurado el hombre que llenó su aljaba de ellos (Sal. 127:3-5a).*

Sin embargo, la aljaba de Abram estaba vacía. Su esposa continuó siendo estéril a medida que pasaban los años. Los años fértiles pasaron; la bendición que el padre de Abram le había conferido nunca se cumplió.

No recordamos a Abram por su nombre. Cuando tenía noventa y nueve años de edad, Dios le confirió un nuevo nombre y una nueva bendición. Este hombre sin hijos no sería llamado "padre exaltado" ya más. Dios decretó que un nombre más adecuado sería Abraham, "padre de una multitud". Es aquí donde la historia se vuelve un poco loca. Abram llenó los documentos e hizo que su nombre cambiara legalmente por Abraham. Tan raro como suena, este hombre de 99 años, un hombre casado con una mujer que acababa de cumplir apenas 19 años de edad, decidió ser llamado "padre de una multitud" solo por la palabra de Dios. No había ninguna explicación lógica. Es probable que la mayoría de la gente estuviera sorprendida. Si hubiese sido el vecino de Abraham es probable me habría burlado de él cada vez que lo viera desde ese momento en adelante. Él no escogió ser conocido por ese nombre por lógica; hizo su decisión basada en la fe. Dios no solo cambió el nombre de Abram sino que también le prometió que sería "padre de muchas naciones" (Gn. 17:4). Abraham creyó a Dios y el resto, como dicen, es otra historia.

La vida de Abraham se convirtió en el arma principal de los apóstoles en sus argumentos contra los que trataron de decir que un hombre podía ganarse la salvación por las obras. Nosotros recordamos a Abraham por su fe, no por sus obras. Desde el mismo principio de la relación personal de Dios con el ser humano, la experiencia de Abraham estableció de una vez por todas qué es lo que se necesita para conocer al Señor. Abraham creyó a Dios y su fe le fue contada por justicia. La única manera en la que usted y yo seremos salvos es por fe. Nosotros también debemos creer a Dios. Solo entonces seremos hechos justos.

Sin embargo, la historia de Abraham nos dice mucho más que la sencilla verdad de que somos salvos solo por fe. El escritor de Hebreos escogió tres episodios importantes de la vida de Abraham para mostrarnos qué es lo que significa vivir por fe. Cada uno de estos episodios gira alrededor del pacto de Dios con Abraham, incluyendo las promesas personificadas en su nombre.

El primer episodio nos muestra a Abraham a la edad de 75 años, poco después de la muerte de su padre.

Por la fe Abraham, siendo llamado, obedeció para salir al lugar que había de recibir como herencia; y salió sin saber a dónde iba (He. 11:8).

Abraham y su esposa estaban todavía viviendo en la casa de su padre en la ciudad de Harán cuando la Palabra del Señor llegó: "Vete de tu tierra y de tu parentela, y de la casa de tu padre, a la tierra que te mostraré. Y haré de ti una nación grande" (Gn. 12:1, 2*a*). Hebreos 11:8 deja en claro que Abraham inició este largo cambio de residencia sin saber a dónde iba. Deténgase ahí por un momento. ¿Puede imaginarse a usted mismo rompiendo todos sus lazos con todo y con todos los que usted conoce para irse a un lugar desconocido a mas de mil kilómetros de distancia de donde usted está? Abraham no supo que había llegado a la Tierra Prometida hasta que Dios dijo "detente". No podía llamar a casa cuando se sentía solo, tampoco podía volar en avión de regreso a casa para visitar a su familia en los días festivos. Una vez que levantó su tienda y se fue, ahí quedaba todo. No había vuelta atrás.

Abraham dejó su casa en Harán porque le creyó a Dios. Note que no dije que él creyó en Dios, sino que creyó a Dios. Sé que es una diferencia sutil, pero es muy importante. Vivir por fe significa creerle a Dios total y completamente, aun cuando Él no nos revele los detalles de su plan para nuestra vida. Dios continúa llamándonos a usted y a mí para que le sigamos en un viaje que no comprendemos por completo. Exigir explicaciones y mapas de carreteras antes de que tomemos el primer paso indica una falta de confianza, sin importar lo que decimos acerca de confiar en Dios. Nuestro Señor no nos llama solo a creer que Él existe, sino que nos exige que dejemos todo y le sigamos. Hasta que confiemos en Él en forma completa no habremos todavía dado el primer paso.

La fe que produce un cambio de relación con Dios también exige paciencia, como lo vemos en el segundo episodio registrado en Hebreos 11:

Por la fe también la misma Sara, siendo estéril, recibió fuerza para concebir; y dio a luz aun fuera del tiempo de la edad, porque creyó que era fiel quien lo había prometido. Por lo cual también, de uno, y ése ya casi muerto, salieron como las estrellas del cielo en multitud, y como la arena innumerable que está a la orilla del mar (vv. 11, 12).

Cuando Dios le ordenó a Abraham salir hacia lo desconocido, le declaró la promesa de la descendencia por primera vez: "Haré de ti una gran nación". Personificó el corazón del pacto de Dios con Abraham. Esto implicaba que él algún día tendría muchos descendientes. Varios años después, el Señor le repitió esta promesa con un toque de énfasis añadido: "Sal y ve las estrellas, Abram. Cuéntalas, si puedes. Al igual de numerosas son las estrellas, así será tu descendencia" (véase Gn. 15:5). Por primera vez la Biblia registra estas palabras. "Y creyó a Jehová, y le fue contado por justicia" (Gn. 15:6).

Me parece interesante que Abram creyera una promesa que parecía no tener ninguna relación con el pecado y la salvación y todos los demás conceptos teológicos con los que de manera normal relacionamos la fe, y que su fe acerca del nacimiento de un bebé le fuera contada por justicia. Abraham creyó que Dios podía darle un hijo a un hombre que estaba en sus años ochenta, que Dios podía y haría lo que había prometido sin importar lo imposible que pudiera parecer.

Dios le prometió por primera vez a Abraham que tendría un hijo cuando tenía setenta y cinco años. Ya tenía un poco más de ochenta cuando tomó lugar la escena de las estrellas y el cielo. Sin embargo, el hijo prometido no llegó sino hasta después del cumpleaños cien de Abraham. Hebreos 11:11 declara que Abraham estaba inhabilitado para convertirse en padre por fe. Creyó a Dios por primera vez cuando invocó el nombre de Dios en Harán; continúo creyendo durante el viaje y las pruebas que encontró mientras vivía en tiendas en Canaán; y aun creyó cuando Sara anunció que por fin estaba embarazada.

La fe no es un encuentro de una sola ocasión con Dios. Es un compromiso de larga duración. Creemos y debemos seguir creyendo. El Señor raramente tiene prisa. Si nuestra fe va unida a los resultados físicos, saldremos desilusionados. Cuando le confiamos nuestra vida al Señor nos embarcamos en una vida entera de espera. La mayor parte de las recompensas que Dios tiene para nosotros están reservadas para el futuro distante cuando el tiempo no exista ya más. Al igual que Abraham, debemos contentarnos con verlas a la distancia. Aun los planes a corto plazo que Dios tiene para nuestra vida raramente se realizan con rapidez. Una y otra vez Dios nos ordena ser pacientes, a esperar. Vivir por fe significa dejar que Dios realice su plan a su tiempo.

El tercer episodio de la vida de Abraham es confuso y perturbador:

Por la fe Abraham, cuando fue probado, ofreció a Isaac; y el que había recibido las promesas ofrecía su unigénito, habiéndosele dicho: En Isaac te será llamada descendencia (He. 11:17, 18).

Dios le ordenó a Abraham atar a su hijo en la parte alta de una pila de madera, matarlo con un cuchillo y quemar su cuerpo como una ofrenda al Señor. El Señor del universo, el Autor de la vida, el que le prometió a Abraham que un día llegaría a ser el padre de una multitud, le ordenó sacrificar a su único hijo. Si nos detenemos aquí la historia no tendría sentido. ¿Qué clase de Dios daría una orden tan descabellada?

La parte sorprendente de la historia no es que Dios dio la orden sino que Abraham obedeció. Muy temprano a la mañana siguiente ensilló sus burros, cortó suficiente leña para la ofrenda encendida, y salió en un viaje de tres días con su hijo hacia el lugar donde el sacrificio debía ser ofrecido. Por tres largos y agonizantes días Abraham esperó alguna palabra del Señor, pero el cielo guardó silencio. Una vez que llegaron al monte Moriah, Abraham e Isaac subieron la montaña y prepararon el altar. "He aquí el fuego y la leña –dijo Isaac–, mas ¿dónde está el cordero para el holocausto?" (Gn. 22:7).

"Dios se proveerá de cordero" (v. 8) fue la única respuesta de Abraham.

Ató a su hijo, lo acostó sobre el altar y sacó su cuchillo para matarlo. Solo entonces fue cuando el ángel del Señor le ordenó detenerse.

Esta historia no tiene sentido para nosotros excepto por los ojos de la fe. A veces en la vida nos sentimos como si Dios estuviera enviando mensajes contradictorios. No entendemos la dirección por la que Él nos está llevando o el costo que esa obediencia nos exige. William Carey, el padre de las misiones modernas, vivió a través de esta paradoja. Dios plantó la ardiente convicción dentro de Carey de llevar el evangelio al mundo, una convicción tan profunda que le hacía pararse frente a un globo terráqueo y llorar por los millones de almas que estaban separadas de Jesús. Sin embargo, un poco menos de un año después, Carey, su esposa y sus cuatro hijos llegaron a la India en noviembre de 1793 y su hijo de seis años de edad murió de forma trágica.

Me pregunto cómo habrán vivido los Carey a través del dolor de saber que si se hubiesen quedado en Inglaterra, si tan solo Dios los hubiese dejado en paz, su hijo no hubiese muerto. Me pregunto cómo fue que Abraham sacó fuerzas para subir el monte Moriah sabiendo que estaba bajo la orden divina de quitarle la vida a su único hijo. Sobrevivieron porque su confianza en el Señor era más grande que sus temores. Abraham estaba completamente seguro de que aun si Isaac hubiese sido sacrificado, Dios le hubiese levantado de los muertos. Sabía que Dios habría hecho cualquier cosa que hubiera prometido, sin importar sus circunstancias actuales, y Dios le había prometido que una nación saldría de Isaac.

Vivir por fe significa tener completa confianza en la fidelidad de Dios. Por fe sabemos que Dios hará lo que Dios dice y que nunca se contradiría a sí mismo. Cuando no entendemos lo que Dios está haciendo o por qué lo está haciendo, debemos aún creer que Dios se mantiene fiel. El padre de las multitudes sabía que Dios no siempre parece tener sentido, pero creyó y obedeció. Su ejemplo nos llama a hacer lo mismo.

Dios, quiero confiar en ti. Creo en las promesas que has hecho, pero necesito aprender a confiar en ti aun cuando no entienda lo que estás haciendo. Nada es imposible para ti. Ayúdame a recordar eso y a esperar que tú obres a tú tiempo. Amén.

5

Sara

Princesa

Por la fe también la misma Sara, siendo estéril, recibió fuerza para concebir; y dio a luz aun fuera del tiempo de la edad, porque creyó que era fiel quien lo había prometido. (He. 11:11)

Imposible. No hay otra manera de describirlo. Completa y totalmente imposible. No solo estaba la idea más allá de lo imaginable, sino que estaba cerca de lo absurdo. Por años su esposo le había dicho la misma cosa, y en un principio le creyó. Pero la esterilidad hace estragos en una mujer a medida que los meses y los años pasan. Hacía mucho tiempo ella se sentaba y veía a las madres con sus hijos, soñando con el día de tener los suyos, que les hicieren compañía. Con el tiempo comenzó a sentir envidia, y luego odio. Sus brazos se morían por cargar a un niño, sus oídos deseaban escuchar a un recién nacido llorando, buscándola. Por fin aceptó el hecho de que sus días habían pasado; ser madre sería un gozo que jamás experimentaría.

Quizá es por eso que dudó cuando su esposo llegó a casa anunciando que en menos de doce meses sus años de agonía se terminarían. Quizá fue por eso que ella se rió cuando escuchó a un visitante decirle a Abraham lo mismo: Sara concebirá y Abraham será padre. Diez años antes podría tal vez haber roto en llanto, preguntándose por qué razón su esposo volvería a poner el dedo en la llaga solo para desilusionarla de nuevo. Veinte años antes de esto ella hubiese danzado por toda la habitación celebrando. Pero ahora, a la edad de noventa años, solo podía reírse. Imposible, absurdo, ¿quién podría creer tal cosa?

Al parecer su esposo lo creía. Su nombre les había siempre recordado de algo que no tenían, y que varios años antes Dios lo había corroborado. Desde el día de su nacimiento Abram había llevado la etiqueta de "padre exaltado". Entonces un día anunció que Dios le había dado un nuevo nombre, un nombre lleno de promesa: el nombre Abraham. ¿Abraham...? ¿Por qué razón un hombre sin hijos, acercándose a los cien años de edad, cambiaría su nombre a algo que significa "padre de una multitud"? Había más. Abraham le dijo a su esposa que Dios le había dado nuevo nombre para ella también. Su nombre no sería Sarai ya más. Desde ese momento en adelante su nombre sería Sara. Ambos nombres tienen en esencia el mismo significado: "princesa", pero Dios tenía más que solo un nombre en mente cuando quitó una sola letra en su nombre. Aceptar el cambio era creer la promesa que Dios había dado con ello: Sara sería llamada princesa porque ella sería madre de naciones; reyes de pueblos saldrían de ella. Imposible, absurdo, parecía una broma divina. Sin embargo, después de su momento de inseguridad y duda, creyó. Tan imposible como pareciera, ella creyó y la promesa se hizo realidad.

Sara es un caso muy especial en comparación con el

resto de las personas que están en nuestra lista de héroes bíblicos. Dios nunca se le apareció en una visión, tampoco recibió promesas directas del cielo reveladas por ángeles. Sería fácil leer el capítulo once de Hebreos y saltar sobre su papel en la historia del Antiguo Testamento. El escritor solo hace una referencia de paso con respecto a ella, recordándonos que era estéril y también que estaba más allá de la edad en la que la concepción era posible. Sara nunca jugó un papel protagónico en el drama de la Biblia. Esto no quiere decir que no fuera importante, sino que ella, al igual que muchas mujeres en el Medio Oriente, quedó en un segundo plano.

Creo que es por ello que me siento atraído hacia Sara. Usted y yo tenemos mucho más en común con ella que lo que tenemos en común con su esposo. Abraham vio visiones de Dios y hospedó ángeles. No cualquier ángel. El Ángel del Señor, es decir, Dios manifestando su presencia en forma humana, se sentó a comer con él. Sara observó todo esto a la distancia. Las visiones del Señor y los visitantes angelicales eran tan raras en aquellos tiempos como lo son ahora. Si esperamos a verlos antes de poder creer, nunca creeremos. Sara no le exigió a Dios un tiempo preciso. No esperó hasta ver al Señor cara a cara para salir de su casa en Ur y seguir a Abraham en una búsqueda que duraría toda una vida. Lo que hace de Sara un caso único es precisamente lo que la hace igual a usted y a mí. La Palabra de Dios para ella llegó por medio de alguien más. Su conocimiento de Dios era de segunda mano. Ella creyó lo que alguien con experiencia de primera mano le dijo.

Todo nuestro conocimiento de Dios es de segunda mano. Nunca he visto a Jesús cara a cara. Mis manos nunca han tocado las cicatrices en sus manos, tampoco le vieron mis ojos cambiar el agua en vino o levantar a

Lázaro de los muertos. Jesús hizo muchas promesas a sus discípulos, promesas de perdón y paz y el cielo. Mis oídos nunca le escucharon pronunciar ninguna de estas promesas. Nací demasiado tarde; Jesús ya se había ido para cuando yo llegué. Como si eso no fuera lo bastante malo, yo no tuve una experiencia del tipo que el apóstol Pablo tuvo en el camino a Damasco. Nunca hubo luces brillantes que me derrumbaran, tampoco hubo voces que me hablaran desde las nubes. El Señor nunca me llevó al cielo para mostrarme cosas demasiado maravillosas imposibles de describir con palabras. Todo lo que creo acerca de Dios, todo lo que sé acerca de quién es y cómo es, todo lo que creo con respecto a su Hijo Jesús, todo ello me fue comunicado por otra persona.

A menudo nos encontramos a nosotros mismos probando esta verdad. Queremos más. Queremos ver lo que Moisés vio cuando la zarza ardía y no se consumía; queremos escuchar la voz que llamó a Abraham en lo alto del monte Moriah; queremos experimentar de forma personal todos los milagros y las maravillas de las cuales leemos en la Biblia. Pero Dios no opera de esa manera. Al leer las páginas de la Biblia a veces asumimos que todos tuvieron experiencias deslumbrantes donde lo divino invadía la vida ordinaria con efectos especiales que podrían hacer que Hollywood tuviera envidia. Sara nos recuerda que este no es el caso. Dios nunca le dijo que saliera de su ciudad natal para viajar a un destino desconocido; Dios nunca la llevó afuera y le dijo que sus descendientes algún día superarían el número de las estrellas; tampoco le dijo que su nombre cambiaría de Sarai a Sara. Ella supo todas estas cosas por alguien, y creyó. Dios no nos da a ti y a mí pirotecnia o visiones de gloria. En su lugar tenemos un libro antiguo escrito por hombres santos de Dios guiados por el Espíritu Santo. Eso es todo; eso es todo lo que Dios nos da. Por fe debemos seguir el ejemplo de Sara y creer.

También me encuentro atraído hacia Sara porque ella no siempre creyó todo lo que Dios le prometió la primera vez que lo escuchó. Un caso perfectamente ilustrativo de esto es la promesa de su hijo. Poco tiempo después de que Abraham le informó a su esposa que Dios había cambiado su nombre, tres visitantes llegaron a su campamento. Uno de ellos era el Ángel del Señor. A veces olvidamos que Abraham y Sara vivieron en tiendas de campaña toda su vida a pesar de que Dios les había prometido algo más. Nunca recibieron todo lo que Dios les había prometido a ellos y sus descendientes; tenían que conformarse con verlo todo a la distancia. Mientras que Sara preparaba una comida para los tres hombres, escuchó la conversación de su esposo con ellos. El Señor le dijo a Abraham: "De cierto volveré a ti y según el tiempo de la vida, he aquí que Sara tu mujer tendrá un hijo" (Gn. 18:10). Recuerde, el Ángel del Señor, Dios aparecido en carne humana, dijo esto y, ¿cómo respondió Sara? Se rió. Dudo mucho que haya planeado reírse; se le salió la risa tan rápido que estaba apenada de que alguien la hubiera escuchado y negó haberlo hecho. La misma idea de poder concebir un hijo, y sobrevivir a los dolores del parto a la edad de 90 años le pareció muy increíble gracioso.

Los planes de Dios van mucho más allá de nuestra imaginación que no podemos evitar reírnos. Dios piensa en grande. Él se goza en hacer cosas que van más allá del reino de lo humanamente posible, que hasta que no lo vemos cumplirse nos parece absurdo. Una familia en mi iglesia es un ejemplo perfecto. Eran un verdadero ejemplo de los que estaban perdidos sin esperanza. Sus nombres eran en su vecindario sinónimos de alcohol, violencia y malas palabras. Todos los evitaban, y un vecino aseguraba que el mismo diablo vivía en su casa. Si alguien hubiese sugerido que esta familia seguiría a Jesús algún día, todos se hubiesen reído a carcajadas. Dios e iglesia eran dos de las cosas que menos les importaba. Sin embargo, durante la temporada de Navidad de 1986 la familia completa vino a Cristo. Nuestra iglesia estaba sorprendida. Estas personas eran las que menos se esperaban ver en la iglesia, mucho menos verlas arrodilladas en el altar dando sus vidas a Cristo. Esto solo los hizo perfectos candidatos para que el Dios de lo imposible hiciera una obra grande en sus vidas.

Desdichadamente, el trasfondo de lo imposible abre la puerta a enormes errores, el mismo error que Sara cometió. Dios nos hace promesas increíbles, promesas tan grandes que solo Él podría hacer realidad pero que muy pocas veces tiene prisa en cumplir. Por lo general, nos parece más fácil creer sus promesas que esperar su cumplimiento. A medida que el tiempo pasa y Dios nos continúa diciendo que esperemos, enfrentamos la tentación de tratar de lograr el plan de Dios por medios humanos. Dicho de manera simple; tratamos de ponernos en el lugar de Dios. Le decimos que se haga a un lado y que nos deje manejar por un tiempo; nos parece que Dios está teniendo problemas para resolver las cosas y que quizá nosotros tendremos mejor suerte.

Esto es exactamente lo que Sara trató de hacer diez años después de que escuchó la promesa de Dios de un hijo por primera vez. Para estas alturas Sara ya tenía 75 años de edad, pero sus brazos seguían vacíos. Sus esperanzas le habían sido dadas una década antes cuando Dios se le apareció a Abraham y le prometió convertirlo en una gran nación, pero a medida que el tiempo pasó, ella se sumió en la depresión. Los especialistas de la fertilización y la fertilización *in vitro* no llegarían sino varios milenios después. Sara recurrió a la única opción disponible que las parejas sin hijos del antiguo medio oriente tenían en aquél tiempo, la paternidad sustituta. El tiempo la hizo llegar a la conclusión de que Dios no quería que ella tuviera un hijo. Si Abraham iba a ser el padre de una nación, otra mujer iba a tener que darle a Abraham su hijo. Como resultado, presentó a su sierva Agar a su esposo y exigió que tratara de tener un hijo por medio de ella.

El plan de Sara funcionó, pero no como ella lo había planeado. La presencia del hijo de Agar y Abraham llenó el corazón de Sara con más enojo. El efecto de su error se ha multiplicado con el tiempo. La mayor parte de la lucha en el medio oriente hoy día es entre los que descienden de Agar y los que descienden de Sara. Ella intentó tomar el control de las manos de Dios, pero el resultado final fue un desastre.

¿Cuántas veces usted y yo intentamos tomar el control por Dios? Si somos honestos nos daremos cuenta de que es mucho más frecuente de lo que quisiéramos admitir. En lugar de confiar en Dios y esperar a que Él obre a su tiempo, nosotros nos apresuramos a hacer lo que solo hará las cosas peor. Muchos de nosotros nos encontramos bajo una montaña de deudas por esta misma razón. Nos resistimos a esperar a que Dios provea lo que necesitamos, o escogemos no estar contentos con su provisión. No existe diferencia entre usted y yo confiando en el poder del crédito en vez del poder de Dios, y el plan de Sara de tener un hijo por medio de Agar. Recuerde, si el esquema de Sara hubiese funcionado en la manera en la que lo había planeado, la promesa de su nombre nunca se hubiera hecho realidad. Agar, no Sara, hubiese sido la madre de reyes y naciones. Dios en su gracia no dejó que eso sucediera; perdonó la falta de fe de Sara y quince años después le dio el gozo de tener a su propio hijo.

He sido cristiano por muchos años y he servido como pastor por más de una década y, sin embargo, aún encuentro algunas de las cosas que Dios hace, difíciles de creer. Usted puede llamarme poco espiritual si le parece, o puede cuestionar la fuerza de mi fe, pero tengo que luchar de manera continua con tratar de tomar el control que debe estar en la mano de Dios, o de apresurar su proceso. Me doy cuenta de que me parezco mucho más a Sara que a su esposo. Afortunadamente para usted y para mí, Dios nos muestra la misma paciencia que le mostró a Sara hace mucho tiempo. Dios no buscó otra pareja cuando ella se rió de la idea de que podría tener un hijo; tampoco la rechazó cuando Sara optó por su propio plan B en lugar de confiar en Él. Su paciencia y gracia transformó su risa de escepticismo en gozo.

¿Qué hay de usted? ¿Qué cosas imposibles quiere Dios hacer en su vida? Deje que Dios ponga la imaginación a volar. Si puede hacer que una mujer de 90 años dé a luz, nada es demasiado difícil para que también lo haga en tu vida.

Señor, jamás he escuchado tu voz retumbar desde el cielo. Nunca he visto las cicatrices en tus manos y en tus costados, tampoco he tenido visiones de ángeles susurrando misterios demasiados maravillosos para entender. Soy como Sara: todo lo que yo sé acerca de ti alguien me lo ha dicho. Pero creo, Señor, creo. Concédeme la paciencia para esperar en ti sin tratar de tomar el control por ti. Amén.

6

Isaac

Risa

Por la fe bendijo Isaac a Jacob y a Esaú respecto a cosas venideras. (He. 11:20)

Isaac Siguió a su padre hasta la montaña, pero el peso de la leña sobre su espalda hacía difícil el caminar por la vereda rocosa. Por tres días había viajado hasta este lugar, y por tres días su padre había estado de forma sorpresiva callado. Parecía que ni siquiera quería hacer contacto visual con su hijo, y cuando sus ojos se encontraban, con rapidez volteaba la mirada. Este no era el primer viaje que hacían juntos. En todo el tiempo que podía recordar él y su padre viajaban y su padre le hablaba acerca del Dios invisible y de las promesas que Dios había hecho. Creció escuchando historias acerca de visiones de ángeles y de comunicación divina. A Isaac le parecía fascinante. Sin embargo su padre parecía haberse quedado sin historias durante este viaje. No era el mismo de siempre. Su sonrisa había desaparecido y su mente parecía estar a un millón de kilómetros de distancia.

Caminaron, uno tras otro. Por fin Isaac rompió el silencio.

–Padre mío.

–Heme aquí, mi hijo.

–He aquí el fuego y la leña; mas ¿dónde está el cordero para el holocausto?

–Dios se proveerá de cordero para el holocausto, hijo mío.

Una vez que llegaron a la cima ambos juntaron piedras para construir un altar. Isaac conocía el procedimiento muy bien. Habían adorado juntos muchas veces, pero en esta ocasión era diferente. Tan pronto como el altar estuvo listo, Abraham se acercó a su hijo y en silencio tomó las cuerdas del montón de leña y amarró a Isaac. Abraham no dijo una sola palabra; sus ojos lo decían todo: "Confía en mí. Confía en Dios". Isaac no sabía qué era lo que estaba pasando. De repente se dio cuenta de que él era el cordero; estaba a punto de ser sacrificado. Las palabras se le atoraban en la garganta, pero la mirada de los ojos de su padre las dejaban en su lugar. "Confía en mí, Dios proveerá". Y Dios lo hizo.

En muchas maneras Isaac es un enigma para nosotros a medida que leemos a través de las historias de los grandes héroes de la Biblia. El Señor es conocido como el Dios de Abraham, Isaac y de Jacob, estando el nombre de Isaac para siempre atrapado entre su padre y su hijo. Pero lo perdemos en las sombras de los otros dos. Salimos del clímax de la vida de Abraham en el monte Moriah esperando historias aún mucho más grandes de la vida de su hijo. Sin embargo, a manera que leemos a través de la vida de Isaac, terminamos preguntando: "¿Eso es todo?" Algunos comentaristas lo llaman una desilusión espiritual. Isaac no intenta ni logra grandes cosas para Dios. Es casi como si la historia de su vida no fuera nada más que un relleno entre las heroicas historias de Abraham y las aventuras de Jacob. De todos los personajes en el capítulo once de Hebreos, Isaac aparenta ser el menos inspirador, el más común, un héroe insignificante.

Sin embargo este héroe insignificante tiene un mensaje importante para usted y para mí. Su nombre significa risa, pero el significado de su nombre va mucho mas allá de esta simple palabra. Dios escogió su nombre para recordarle a Abraham y a Sara de su reacción a la noticia de que Isaac iba a nacer. Se rieron y todos alrededor de ellos se rieron porque la misma idea de que un niño le nacería a una pareja que estaba en sus años noventa les pareció a todos ellos absurdamente cómica. Una vez que Isaac nació, su nombre habló del increíble gozo que sus padres sintieron al sostenerlo en sus brazos por primera vez. La noticia de su nacimiento se esparció con rapidez. Todos los que lo escucharon se rieron por igual, compartiendo el gozo de un nacimiento tan poco probable. Desde ese momento en adelante el nombre Isaac, risa, sirvió como un recordatorio constante a todos con los que él se ponía en contacto, de que nada es demasiado difícil para Dios. El Señor siempre cumple lo que dice; siempre provee lo que promete.

Esta última frase resume la vida de Isaac. Podrá no haber conquistado naciones o hablado con ángeles, sin embargo vivió su vida en completa con

fianza en Dios. En los inicios de su vida Isaac aprendió que Dios proveería, que cumpliría lo que prometía. Desde el momento en el que estuvo con su padre en lo alto del monte Moriah hasta orar para que su estéril esposa tuviera hijos, Isaac caminó en simple dependencia del Señor. No tuvo un catalogo lleno de planes de emergencia por si Dios fallara en cumplir. Leer la historia de su vida me acusa, puesto que Isaac vivió el secreto que a mí me cuesta trabajo entender. Dios es confiable, y proveerá. Usted y yo no necesitamos preocuparnos o llenarnos de pánico; por el contrario, necesitamos aprender a confiar en Dios.

Ninguna historia ilustra mejor la desaparición de Isaac en la sombra de su padre que la historia de su viaje a lo alto del monte Moriah. La mayoría de los comentarios y Biblias de estudio titulan este episodio "Abraham es probado", como si la fe de Abraham hubiese sido la única que fue retada en lo alto de esa montaña. Seguro, Abraham enfrentó la prueba más grande: pero ¿cuál fue más grande, su amor por su hijo o su temor de Dios? Pero póngase en el lugar de Isaac por un momento. No era un niño. El lenguaje de Génesis nos da a entender que era un hombre joven, de por lo menos entre 13 y 14 años de edad. Como un hombre joven sabía exactamente lo que estaba aconteciendo a medida que su padre amarraba las cuerdas a su alrededor para atarlo a la leña que estaba sobre el altar. No necesitó mucho tiempo para que se diera cuenta de que él era la presunta ofrenda encendida. Si mi padre me atara y sacara un cuchillo yo no me sentaría tranquilo a esperar para ver lo que sucedería después. Haría todo lo que estuviera en mi poder para salvar mi vida. Isaac pudo haber escapado. Mantenga en mente que Abraham era muy viejo e Isaac era joven y fuerte. Si hubiese hecho el esfuerzo, habría con facilidad vencido a su padre. Sin embargo ni siquiera hizo el esfuerzo; no se defendió. Isaac sabía que él era el hijo prometido. Su padre ya le había dicho cómo él algún día se convertiría en una gran nación. A pesar de sus temores, a pesar de las aparentes contradicciones en el carácter de Dios y su padre, Isaac tomó su lugar sobre el altar confiando plenamente en que Dios proveería el cordero.

Recuerde ahora la más reciente prueba que su fe haya resistido. ¿Cómo se compara con la prueba de Isaac en la cima del monte Moriah? Mis pruebas tampoco se comparan. Siempre me encuentro a mí mismo cambiando al plan B, que es el pánico, en lugar de esperar durante esos momentos oscuros a que Dios provea. Y Dios provee. Isaac y Abraham descubrieron el poder de esta verdad cuando el Señor habló del cielo, deteniendo a Abraham antes de que pudiera dañar a su hijo. Puede que nosotros nos llenemos de pánico pero Dios nunca lo hace. Dios siempre está en el control, siempre Dios.

Tómese algunos momentos para leer el resto de la vida y los tiempos de Isaac. Los encontrará en los capítulos 23 al 28 del libro de Génesis. Cuando yo leo estos capítulos, me llama la atención la impresión duradera que el monte Moriah tuvo en Isaac. A pesar de que esos eventos no vuelven a mencionarse otra vez, la promesa que Dios hizo en ese día se quedo con Isaac por el resto de su vida. Moriah significa "el Señor proveerá", e Isaac nunca olvidó esa verdad.

El siguiente gran reto de su vida fue encontrar una esposa. No cualquier mujer. Él era el primer hijo de una nueva raza, y su esposa necesitaría ser alguien que amara al Señor. El método que eligió para superar este reto suena un poco raro para nuestros oídos modernos. Isaac no salió en búsqueda de la mujer perfecta. En su lugar espero a que Dios hiciera provisión. Uno de los siervos de su padre regreso a la ciudad natal de Abraham, Harán, y encontró a Rebeca. Cuando fue traída a Isaac, inmediatamente se caso con ella, y la Biblia dice que la amó. Dios proveyó e Isaac acepto la provisión de Dios como la mejor.

Veinte años después Isaac y Rebeca se encontraron a sí mismos en la misma posición con la que Abraham y Sara tuvieron que luchar: no podían tener hijos. ¿Cómo manejó Isaac la situación? Escuche lo que dice Génesis

25:21: "Y oró Isaac a Jehová por su mujer, que era estéril". Me encanta la simplicidad de esa frase. Isaac oró. Este matrimonio enfrentó una crisis y él se arrodilló para orar. ¿Puede sentir la confianza involucrada en esto? Una vez más, Dios proveyó.

La trama no cambia con el transcurso del tiempo. Una severa hambruna azotó la tierra de Canaán, el mismo tipo de hambruna que había motivado a Abraham muchos años antes y motivó a Jacob muchos años después a escapar hacia Egipto donde había alimento y agua. Canaán era la Tierra Prometida aun a pesar de que Isaac no quería ni siquiera un centímetro cuadrado de ella. Desde el día de su nacimiento hasta el día de su muerte vivió como nómada en tiendas de campaña. Lo lógico por hacer, lo prudente por hacer sería ir hacia el oeste, hacia el río Nilo y esperar a que la hambruna terminara. Sin embargo, Isaac no hizo la cosa lógica o prudente. En su lugar, esperó a que Dios proveyera. El Señor le habló instruyéndole que se quedara en la Tierra Prometida, que fue exactamente lo que decidió hacer. No solo Dios proveyó durante la hambruna, sino que también Isaac prosperó. El Señor hizo realidad hasta los sueños más increíbles de Isaac, y aún más.

La carta a los hebreos narra su historia al final de su vida: "Por la fe bendijo Isaac a Jacob y a Esaú respecto a cosas venideras" (He. 11:20s). Escuche las palabras exactas de la bendición de Isaac a Jacob:

> *Y el Dios omnipotente te bendiga, y te haga fructificar y te multiplique, hasta llegar a ser multitud de pueblos; y te dé la bendición de Abraham, y a tu descendencia contigo, para que heredes la tierra en que moras, que Dios dio a Abraham (Gn. 28:3, 4).*

Lo que me impresiona es la certeza con la que Isaac habló. En lugar de ser simples deseos, vemos una absoluta confianza de que Dios daría la Tierra Prometida a los descendientes de Jacob. Algún día esta pequeña familia se convertiría en una gran nación a través de la cual el mundo entero sería bendito. A manera que veía hacia el futuro, Isaac no se preguntó si esta bendición se haría realidad. Sabía por experiencia que Dios le iba a proveer, y que Dios haría lo que había prometido.

La vida en el amanecer del siglo XXI es por completo distinta al estilo de vida sencillo de los pastores nómadas de hace varios miles de años. Isaac nunca tuvo que preocuparse acerca de hipotecas, pagos de auto, o de tener que pagar por la educación superior de sus hijos. Su generación nunca se preocupó siquiera en pensar acerca de los recortes de personal o en aumentar los costos de los seguros médicos o cualquiera de las otras causas principales del estrés en nuestra vida. Por supuesto, la mayoría de nosotros no tenemos que preocuparnos acerca de arteros lobos hambrientos, sequía o pastores merodeadores. Los tiempos cambian, pero Dios no. El mismo Dios que demostró ser fiel con sus promesas a Isaac sigue siendo fiel hasta el día de hoy. No importa qué es lo que enfrentemos, Dios siempre provee lo que promete. Dios siempre hará lo que dice.

Creo que la razón por la que no vemos mayor evidencia de que esto es verdad es por que evitamos las situaciones donde no tenemos otra opción más que depender del Señor. Preferimos ver a Dios proveer a través de los trabajos a los que vamos todos los días, hasta si Él nos dice que es hora de cambiar, en vez de pasar por la ansiedad de no saber de dónde irá a salir nuestra próxima comida. Caminar por fe no es una experiencia cómoda. Puede ser bastante inquietante saber que si Dios no cumple no hay esperanza, pero esta es la manera en la que Dios nos llama a vivir. Necesitamos ser más como Isaac. Puede causarnos gran temor al principio, pero pronto descubriremos también que Dios es fiel, que siempre mantiene sus promesas.

Señor, sé que tú siempre harás lo que prometes. Tú eres siempre fiel a tu Palabra. Sé en mi mente que esto es verdad; por favor ayuda a que se convierta en una realidad en la manera en la que vivo mi vida. Hazme más como Isaac. Hazme más dependiente de ti, el que nunca fracasa. Amén.

7
Jacob

Usurpador, estafador, engañoso.

Por la fe Jacob, al morir, bendijo a cada uno de los hijos de José, y adoró apoyado sobre el extremo de su bordón. (He. 11:21)

Admiro a la gente persistente. Nada me inspira más que hombres y mujeres que se niegan a escuchar a los opositores y continúan avanzando hacía sus objetivos. Theodor Geisel fue un hombre persistente. Veintisiete editores rechazaron su primer libro para niños. Todos ellos pensaron que su libro era un poco extraño, nada parecido a los otros libros en el mercado. Su estilo y su enfoque eran únicos. Nadie podía ver mucha demanda por una historia acerca de un gato que usaba un sombrero. Nadie, hasta que la casa editora Random House se arriesgó con un hombre que conocemos como el Doctor Seuss. Mi hija me contó esta historia poco después de que el decimoquinto editor rechazara mi primer libro. La persistencia del Doctor Seuss me inspiró a seguir.

Nadie más ilustra la persistencia como nuestro Dios. Él se niega de manera insistente a dejar la tarea de hacernos más a la semejanza de su Hijo. A Dios no le importa cuánto tiempo le tome o lo que tenga que hacer. Hará lo que sea necesario para hacerle a usted y a mí como Jesús. Como Filipenses 1:6 nos promete: "estando persuadido de esto, que el que comenzó en vosotros la buena obra, la perfeccionará hasta el día de Jesucristo".

Si alguna vez el Señor planeó rendirse con alguien, Jacob le dio la oportunidad perfecta. Encontramos a Jacob enlistado junto con Noé, Abraham y José como un gran hombre de fe, pero la fe no es lo que la mayoría de nosotros piensa cuando escuchamos su nombre. Jacob fue un hacedor de maquinaciones, un engañador un estafador. Sus padres le dieron un nombre que significa "agarrar el talón", hacer trampa o engañar, y le quedó a la perfección. Jacob fue un estafador, parecido al vendedor de autos usados, fino y estereotipado, alguien que no era tímido en cuanto a romper las reglas para ganar una ventaja. Se me dificulta pensar en él como un gran hombre de fe. Su dedicación no se compara a la de Enoc. Nunca mostró el carácter piadoso de Abraham. Tampoco dependió solo de Dios para proveer como lo hizo su padre Isaac. En su lugar lo encontramos tratando de negociaciones baratas con Dios. Escuche su confesión de fe:

> E hizo Jacob voto, diciendo: Si fuere Dios conmigo, y me guardare en este viaje en que voy, y me diere pan para comer y vestido para vestir, y si volviere en paz a casa de mi padre, Jehová será mi Dios. Y esta piedra que he puesto por señal, será casa de Dios; y de todo lo que me dieres, el diezmo apartaré para ti (Gn. 28:20-22).

Si Dios hiciere esto y aquello, entonces y solo entonces, será mi Dios. ¿Puede imaginarse a alguien tratando de hacer esta clase de trato con Jesús cuando Él caminó sobre la tierra? Yo no puedo. Un hombre vino a Jesús y le dijo: "Señor, te seguiré pero primero debo enterrar a mi padre". ¿Recuerda la respuesta de Jesús? "Deja que los muertos entierren a sus muertos; y tú vé, y anuncia el reino de Dios" (véase Lc. 9:59, 60). ¡Vaya! ¡Este sí que era alguien que ponía condiciones para aceptar las exigencias! Sin embargo, dos mil años antes de Cristo, Jacob despertó de una visión de ángeles ascendiendo por una escalera que llegaba hasta el cielo, una visión en la que escuchó la voz de Dios y quiso ser un concursante en algo que podríamos llamar "hagamos un trato".

Me parece que Jacob es más parecido al cristiano estadounidense común de lo que nos gustaría admitir. Muchos de nosotros venimos a Cristo tratando de hacer tratos. La mayoría de nosotros nos volvemos hacia Dios para que nos saque de en medio de alguna crisis. En el campo de batalla tales decisiones son catalogadas como religión "de hoyo de zorro"; en las prisiones son conocidas como conversiones de cárcel; sin embargo todos nosotros caemos en esta trampa de vez en cuando. Corremos a Cristo cuando nuestro matrimonio está en problemas, o cuando un hijo se rebela o cuando enfrentamos una desgracia financiera. No cabe duda de que somos sinceros en esa hora. En realidad somos sinceros cuando prometemos ir a la iglesia cada domingo o dedicar nuestra vida al Señor si tan solo Él arreglara ese problemón en el que nos encontramos. "Hagamos un trato Dios, en esta ocasión va en serio". Sin embargo, nuestra sinceridad se desvanece a manera que la vida real pone nuestras crisis en el pasado y nuestras prioridades cambian a manera que la vida diaria se hace más importante que nuestras promesas.

Cuando me refiero a nosotros estoy hablando de nosotros. No es solo el muchacho de veinte años que enfrenta un tiempo serio de prisión y que de repente encuentra la religión. Muchos de nosotros, los que aseguramos ser creyentes nacidos de nuevo tomamos un punto de vista muy particular en nuestro caminar cristiano, hasta el momento en que la crisis ataca. Es entonces y solo entonces cuando nos volvemos serios en la oración. Nos encontramos a nosotros mismos aferrándonos a la Palabra de Dios como si fuera un salvavidas. Las promesas fluyen de nuestros labios hacia Dios. Hacemos a un lado esa religión tibia; estamos listos a ensuciarnos las manos. Estamos listos para hacer un trato.

No puedo evitar preguntarme cómo es que Dios ve todo esto. Al leer la historia de Jacob me sorprende que el Señor no lo haya rechazado o que no haya optado por el otro hijo de Isaac. Jacob era su vehículo escogido para continuar con las promesas que fueron en un principio hechas a Abraham. Dios no recurrió a los términos de Jacob sino que satisfizo sus necesidades. Estaba con Jacob, le dio a Jacob alimento para comer y ropas para vestir, y lo mantuvo seguro al salir y al entrar de la región de Harán. El Señor fue mucho más allá de las más grandes expectativas de Jacob al darle al negociante cuatro esposas, trece hijos e innumerables manadas y rebaños (que era la medida de la riqueza en el antiguo medio oriente).

Jacob también recibió algo por lo que él no había ofertado. Desde el día de su primer encuentro con Dios se vio a sí mismo rodeado de su pecado favorito. Casi todos los que entraban en contacto con Jacob tenían un plan estratégico secreto para arrebatarle algo. Labán, su tío y futuro suegro, lo timó para que trabajara catorce años a cambio del privilegio de casarse con Raquel, el único y verdadero amor de Jacob. En el proceso, Jacob también fue engañado para que se casara con Lea, la hermana mayor de Raquel. Pero Labán apenas comenzaba: usó a Jacob para incrementar su propia riqueza y lo exprimió más de veinte años de arduos trabajos.

Como si eso fuera poco, la vida de Jacob también estuvo llena de dificultades y tristezas. Con Raquel tuvo que soportar el dolor de la esterilidad y todos los intentos por compensarlo. A manera que sus rebaños aumentaban, tuvo que soportar la traición de su suegro. Más tarde su hija fue violada y dos de sus hijos engañaron al pueblo de la parte culpable y mataron a cada hombre que vivía ahí. Rubén, su hijo mayor, durmió con una de las concubinas de su padre. Encima de todo esto, Jacob vivió en constante temor hacia su hermano. Raquel, el único amor verdadero de su vida, murió dando a luz a su segundo hijo después de muchos años de esterilidad. Poco tiempo después, José, su hijo favorito, fue vendido como esclavo. Jacob recibió la noticia de que su hijo había muerto y no supo la verdad por muchos años. Dios estaba con él, sin embargo tuvo que soportar una tras otra pruebas devastadoras.

Algunos le llamarían a esto justicia poética, sin embargo algo más estaba sucediendo. Dios usó las pruebas, los engaños, la desilusión, para quebrantar el corazón de Jacob. El Señor tenía grandes planes para Jacob y se negó a rendirse. Todo esto culminó en una noche intermitente en el camino de regreso a Canaán. Jacob se encontró a sí mismo en una situación precaria. Escapó de forma secreta de Labán tomando consigo a sus esposas, hijos, rebaños y manadas en un viaje de regreso a Canaán. Pero sabía que si su hermano Esaú veía su cara, iba a tratar de matarle. Lleno de temor y congoja, intentó dormir, pero un extraño vino y luchó con él durante la noche. Al amanecer, descubrió que en realidad aquél extraño era el Ángel del Señor. La lucha con el Ángel resumía su vida entera. Desde el día de su nacimiento había resistido los esfuerzos de Dios por reconstruirle, sin embargo el Señor nunca se rindió. En esa noche Jacob descubrió que Dios siempre prevalecería. Esto marcó un punto clave en su vida, un punto importante que le llevó al evento citado en el capítulo once de Hebreos.

Encuentro a mucha gente que está en medio de sus propias luchas con Dios. Todos nosotros hemos pasado o estamos pasando por la misma clase de lucha que Jacob enfrentó, aunque nuestra lucha no es una lucha física, como lo fue la de Jacob. El Señor planea darnos nueva forma en la imagen de su Hijo. La idea nos parece agradable a primera instancia. La mayoría de nosotros sabemos que hay pocas cosas en nuestras vidas que necesitan ser arregladas. Pero el Señor se niega a limitarse solo a limpiar unas cuantas habitaciones de nuestra vida; planea cambiar por completo cada parte de nosotros. El obstáculo más grande que Dios enfrenta somos nosotros, porque luchamos y lo resistimos, mientras que al mismo tiempo le decimos cuánto lo amamos. Pero he aquí las buenas noticias: nuestra resistencia no puede competir con su persistencia. Dios nos persigue el tiempo que sea necesario y hará lo que sea necesario para quebrantarnos y volver a moldearnos.

Este proceso no es divertido ni tampoco exento de dolor. Escuche la manera en la que el autor de la carta a los hebreos lo pone: "Si soportáis la disciplina, Dios os trata como a hijos; porque ¿qué hijo es aquel a quien el padre no disciplina? (...) pero éste para lo que nos es provechoso, para que participemos de su santidad" (12:7, 10). Muy a menudo tratamos la disciplina y el castigo como sinónimos, pero no lo son. La idea básica de la disciplina es disciplinar; la disciplina es un proceso de aprendizaje. Dios no espera a que caigamos en un pecado horrendo para disciplinarnos. En vez de esto, de forma activa hace de cada paso de nuestra vida cristiana una experiencia de aprendizaje.

Me he dado cuenta de que la disciplina más dolorosa viene en aquellos momentos cuando Dios toma mis pecados favoritos y los revierte hacia mí, como lo hizo con Jacob. Dios hace esto con nosotros en dos formas. Primero, nos deja cosechar lo que sembramos. Por su misericordia se niega a protegernos de la consecuencia de nuestro pecado para que aprendamos a mantenernos alejados de él. También revierte nuestro pecado sobre nosotros trayendo personas a nuestra vida que tienen los mismos malos hábitos que nosotros. Esta es la razón por la que los que luchamos con el orgullo nos encontramos rodeados por personas que son tan arrogantes que dan asco. Nuestro Señor está sencillamente dándonos una probadita de lo que en realidad somos.

Dios no está siendo vengativo o duro a través de este proceso. Todo lo contrario. Tiene un plan y se mantiene fiel a él. La vida de Jacob nos muestra que su plan funciona. Al final de su vida, Jacob pudo reunirse con José, el hijo que creía muerto. Los últimos diecisiete años de su vida le dieron a Jacob más gozo que los demás años juntos. Cuando estaba a punto de morir mandó a llamar a José, pues deseaba bendecir a dos de sus nietos, hijos de José. En su bendición no habló acerca de tramas o formas turbias en las que los muchachos pudieran conseguir lo que querían en la vida. Para esta etapa de su vida, Jacob había aprendido cuán vacías eran esas cosas. En su lugar, habló de la fidelidad de Dios y de las promesas que Dios tiene para los que lo aman. Luego se inclinó sobre su bastón y adoró al Señor. Este era el lugar que Dios siempre había tenido en mente para Jacob. Su plan era transformar al engañador en un hombre de Dios, un hombre de fe. Le llevó toda una vida para que el proceso estuviera completo, pero el Señor lo consideró como tiempo bien invertido.

Dios tiene un plan similar para usted y para mí. Quiere que aprendamos a dejar de confiar en nosotros mismos y en nuestra astucia y aprendamos a confiar en Él por completo. A través de los buenos y malos tiempos, Dios nos enseña, a veces no con tanta sutileza, que debemos abandonar nuestra voluntad y aceptar la suya. Podemos resistirle y podemos luchar con Él todo el camino, sin embargo Dios nunca se dará por vencido. Al final nos daremos cuenta de que esta es una lucha que debimos haber perdido mucho antes.

El proceso es doloroso; sigo luchando contra lo que yo sé que necesito. Quiero ser más como tu Hijo, en verdad lo quiero. Por favor, no dejes de luchar conmigo. Continúa quebrantándome, moldeándome a la imagen de tu Hijo. Amén.

8

José

Añadir, aumentar, repetir

Por la fe José, al morir, mencionó la salida de los hijos de Israel, y dio mandamiento acerca de sus huesos. (He. 11:22)

"He venido para que tengan vida, y para que la tengan en abundancia" –prometió Jesús (Jn. 10:10). Vida en abundancia, eso es lo que podemos esperar cuando lo seguimos. Frases como esta hacen volar mi imaginación. Quiero conocer más. Vida llena, vida abundante, vida en la manera en la que Dios la ideó cuando nos creó, ¿qué mas podemos pedir? Piense acerca de las implicaciones. En realidad esto podría volverse emocionante. Ya pasaron los días de frustración y aburrimiento; Jesús los removió para siempre. Desde ese momento en adelante, la vida será una aventura como ninguna otra que hayamos experimentado antes. Abróchese su cinturón de seguridad porque aquí vamos.

Pero ¿hacía dónde nos lleva la aventura? Esperamos emociones fuertes, felicidad y gozo, pero ¿qué es lo que el Capitán de este viaje da? Las promesas se escuchan con mucha interferencia a través de la transmisión de la

Biblia, diciéndonos que todo con lo que nos encontremos obrará para nuestro bien, pero ¿significa esto que todo será bueno? Creemos saber qué esperar más adelante. Muy en el fondo creemos que tenemos alguna idea del plan de Dios para nuestra vida, pero la realidad es distinta por completo. Dios muy pocas veces sigue el guión que le damos para nuestra vida. Parece que disfruta en tomar caminos inesperados. Algunas veces nos encontramos a nosotros mismos preguntándonos si siquiera sabrá lo que está haciendo.

José tuvo que vivir con la duda durante su vida. Su nombre significa añadir, incrementar; sin embargo por los primeros cuarenta años de su vida lo único que Dios le añadió fue dolor. Raquel le dio su nombre como una oración pidiéndole a Dios otro hijo. El Señor escuchó su oración y le concedió su deseo, sin embargo eso le costó su propia vida. José era un adolescente cuando ella murió. Cuando José tenía tan solo diecisiete años Dios comenzó a obrar en su vida. Él tenía sueños por las noches que le prometían una posición de gran gloria y honor. Cuando le contó sus sueños a sus hermanos estos lo odiaron. De por sí ya lo odiaban porque su padre lo amaba a él más que a cualquiera de ellos; sus sueños solo lograban que lo odiaran más. Pronto comenzaron a tramar contra él y cuando tuvieron la oportunidad lo atraparon, lo echaron en una cisterna para que muriera y luego negociaron mediante el hermano que quería salvar la vida de José, para que lo vendieran como esclavo.

En unos cuantos años la vida de José fue de mal en peor. Sus dueños originales lo vendieron a un egipcio llamado Potifar, uno de los oficiales de Faraón. Desdichadamente Potifar tenía una esposa que se quemaba con deseos por José. Cuando este rechazó sus avances, inventó una historia diciendo que José había tratado de violarla. Como si ser esclavo no fuera lo bastante malo, el que soñaba con la gloria ahora se encontró encerrado en una prisión egipcia sin esperanza de ser liberado.

Algo que me parece irónico es que durante este período José estuvo en el centro de la voluntad de Dios. Aun cuando José fuera un esclavo, el Señor estuvo con él. El libro de Génesis dice que Dios le dio éxito en todo lo que hizo, aun en su servicio diario a Potifar y a su casa. Sé que esto suena extraño, pero déjeme repetirlo: el ataque de sus hermanos, su esclavitud, sus días en prisión, todo le sucedió a José como resultado directo de la voluntad de Dios para su vida. Noticias como estas nos hacen reconsiderar todas las ideas sobre la vida abundante. La vida de José fue una aventura. No tuvo que buscar la emoción de los cambios ni los giros inesperados en los eventos: le aconteció todo lo doloroso que podía soportar. Sin embargo, yo dudo que haya pensado alguna vez que su vida debía resultar de esa forma. Sus sueños de gloria eran reales. Dios tenía grandes planes para él, puesto que un día ese esclavo convertido en prisionero salvaría a su familia de la inanición y mantendría con vida la semilla del Mesías prometido. Aunque José no sabía eso. A medida que analizaba su vida, todo lo que podía ver era una prueba tras otra, y oraba pidiendo que terminaran.

La experiencia de José nos enfrenta cara a cara con la dura realidad de que vivir en el centro de la voluntad de Dios no siempre significa tener una existencia feliz y libre de preocupaciones. Muchos de nosotros nos damos cuenta de que nuestra vida se vuelve mucho más complicada en el momento que en oración decimos: "Hágase tu voluntad y no la mía, Señor". Ya vimos cómo esto fue verdadero en la vida de Jacob. De hecho, este mismo punto puede hacerse de todos aquellos cuya historia se cuenta en el capítulo once de la epístola a los Hebreos. Revisemos los que hemos visto hasta ahora:

Abel fue asesinado por su hermano.
Enoc caminó con Dios en una época en la que la maldad iba en aumento.
Noé predicó 120 años sin ver un solo converso.
Abraham y Sara esperaron ansiosamente 25 años para que Dios cumpliera su promesa de darles un hijo.
Isaac vivió en medio de hambrunas y el dolor de tener hijos que se odiaban.
La esposa de Jacob murió al dar a luz y su hija fue violada.

Cuando miramos hacia adelante encontramos que continúa el mismo modelo. La fe no significa que habrá finales siempre felices; tampoco significa una vida libre de penas, pruebas y dolor. Si Dios no libró a José, a Job o a Juan el bautista de adversidades, ¿por qué deberíamos esperar que Dios nos libre a nosotros? Al igual que José nosotros debemos aprender a seguir adelante hacia el plan supremo de Dios para nuestra vida. No debemos rendirnos durante los tiempos difíciles ni satisfacernos en los buenos tiempos. Caminar por fe significa seguir adelante.

La voluntad de Dios puede llevarnos hacia lugares muy poco agradables e inesperados; sin embargo, el Señor se mantiene en el control de la situación. José se preguntaba por qué sus hermanos lo habían traicionado. No podía entender por qué prevalecía la injusticia, forzándolo a pasar los años más importantes de su vida en una prisión egipcia. Estoy seguro que José clamó a

Dios preguntando: "¿Por qué yo?" y "¿por qué no haces algo, Dios?" A manera que nos acercamos al final de la historia, nos damos cuenta de que el Señor tenía un plan en todo lo que le pasaba a José y Dios lo usó para preparar a José para el momento en el que sería exaltado sobre su padre y sus hermanos. Una hambruna severa estaba a punto de azotar el área. El Señor en su misericordia se lo advirtió a Faraón antes de ese tiempo por medio de un sueño. A manera que los eventos se fueron desarrollando, Faraón pidió ayuda a un prisionero que tenía la habilidad de darle la interpretación de sus sueños; es decir, a José. José le dijo lo que Dios le anticipaba y le sugirió lo que debía hacer: guardar suficiente grano durante los años de abundancia para que el reino sobreviviera en los años de sequía. ¿Quién mejor para guiar a una nación a través de un tiempo de peligro sin precedente, que el hombre que había sobrevivido a tantos ataques injustos?

A menudo nos llenamos de pánico en medio de las pruebas en las que no entendemos cómo Dios las está usando. Estas son el campo de entrenamiento donde Dios nos prepara a usted y a mí para las grandes obras que tiene preparadas para nosotros. No deberíamos sorprendernos de sus métodos. ¿Cuántos atletas se preparan para los juegos olímpicos sentados en un sillón reclinable, comiendo barras de chocolate y bebiendo grandes cantidades de bebidas carbonatadas? A mí me encantaría ser un campeón olímpico como Michael Johnson o Dan O´Brien, pero ellos no se despertaron un día y decidieron ser los atletas más grandes del mundo. Todo campeón pasa por años de extenuante, doloroso y aburrido entrenamiento, preparándose para el momento de gloria. Si esto es cierto de los que compiten por un premio que pronto será olvidado, ¿cuánto más no deberíamos usted y yo pasar por el extenuante campo de entrenamiento de las pruebas, para prepararnos hacia una obra con recompensas eternas?

Dios también utiliza las pruebas para prepararnos para su servicio de manera que cuando Él haga una gran obra a través de nosotros no haya dudas de quién es el responsable. ¿Quién en sus sueños más locos habría jamás pensado que el hombre adecuado para salvar a una nación del hambre era un prisionero hebreo? Solo Dios. No solo el Señor usó a José para liberar al mundo de la hambruna, sino que también usó a este hombre para poner a los hijos de Jacob en un lugar donde pudieran convertirse en una nación distinta. Si ellos se hubiesen quedado en la tierra de Canaán habrían sido absorbidos por los pueblos que los rodeaban a través de tratados y matrimonios entre ellos. Pero los egipcios odiaban a los hebreos, inclusive hasta les repugnaba la idea de comer con ellos y mucho más casarse con ellos. Otra vez, Dios usó al candidato menos probable, al hermano odiado por todo el resto para preservar su distinción y cumplir la promesa hecha a Abraham. José fue la herramienta, pero Dios recibió la gloria.

Cuando Dios hace una obra a través de nosotros, lo hace de tal manera que no queden dudas de que Él es el que merece la gloria y el honor. No importa cuán grande o pequeña sea la tarea, cuando Dios está trabajando, Dios hace su trabajo tan claro como el cristal. Pruebas, adversidad, cambios y consecuencias inesperadas, todas estas le dan el escenario perfecto para hacer sus más grandes obras. Muy a menudo olvidamos esta verdad. Luchamos para escapar de las dificultades de la vida o nos preguntamos por qué Dios nos ha abandonado. Recuerde la vida de José. Bien podría ser que tu más grande prueba sea evidencia de que Dios está obrando en ti. A manera que leemos el final de la historia de José, parecería que su vida fue un cuento de hadas después de todo. Sí, sus hermanos lo odiaron y lo vendieron como esclavo. Fue falsamente acusado y terminó en la cárcel, pero al final prevaleció. El Faraón lo sacó de la cárcel y le hizo la segunda persona más importante sobre toda la nación, le dio una esposa, una casa enorme, todo lo que su corazón pudiera desear. El fin de la historia es que vivió para siempre con felicidad. Sin embargo, escuche la evaluación del escritor de la carta a los hebreos: "Por la fe José, al morir, mencionó la salida de los hijos de Israel, y dio mandamiento acerca de sus huesos" (He. 11:22).

José nunca estuvo satisfecho con algo material. Pensaríamos que alguien con todo su prestigio y riqueza estaría satisfecho, pero él no solo no lo estaba, sino que no podía estar satisfecho. Sus ojos estaban puestos en un premio mucho más grande que las riquezas de Egipto. Anhelaba algo más, algo que solo Dios podía dar. Por fe su mirada estaba puesta en el cumplimiento de las promesas hechas a Abraham, Isaac y Jacob, y anhelaba ver estas promesas hechas realidad. Sabía que su cuerpo iba a ser enterrado en Egipto, pero también sabía que Dios cumpliría su promesa de llevar a su pueblo a su propia tierra, y quería que sus descendientes desenterraran sus huesos y los llevaran con ellos.

Todos los héroes cuyas vidas analizamos en estas páginas tienen una cosa en común: pasaron su vida persiguiendo una promesa que nunca fue cumplida. Ninguno de ellos recibió en su lapso de vida lo que en realidad anhelaba. Escuche la manera en la que el escritor de la carta a los hebreos resume sus vidas:

Conforme a la fe murieron todos éstos sin haber recibido lo prometido, sino mirándolo de

> *lejos, y creyéndolo, y saludándolo, y confesando que eran extranjeros y peregrinos sobre la tierra. Porque los que esto dicen, claramente dan a entender que buscan una patria; pues si hubiesen estado pensando en aquella de donde salieron, ciertamente tenían tiempo de volver. Pero anhelaban una mejor, esto es, celestial; por lo cual Dios no se avergüenza de llamarse Dios de ellos; porque les ha preparado una ciudad (...) Y todos éstos, aunque alcanzaron buen testimonio mediante la fe, no recibieron lo prometido (He. 11:13-16, 39).*

El nombre de José fue en esencia una oración, una oración que nunca fue contestada por completo. De niño soñaba con lo que Dios haría, como esclavo y como prisionero se preguntaba si llegaría a lograr salir de esa situación, y como un hombre de estado, segundo en poder del imperio egipcio, aún se mantenía orando, aún buscando más.

Me doy cuenta de que me siento satisfecho con mucha facilidad. Me conformo con lo temporal cuando Dios me ha prometido lo eterno. Mis oraciones muy a menudo giran alrededor de la ayuda de Dios que necesito por problemas financieros o ayuda en medio de una situación difícil, que olvido que Él tiene un llamamiento más grande para mí. La vida de José giró alrededor de las promesas de Dios. No se conformaría con nada menos que no fuera ver esas promesas hechas realidad. ¿Por qué deberíamos usted y yo ser diferentes?

Señor, tú sabes cuánto odio el dolor del entrenamiento. Los días se sienten como si nunca fueran a acabar, y el dolor casi se convierte en algo mas de lo que puedo soportar. Mantén mi mirada puesta en la carrera que tú has puesto delante de mí. Sé que sin el dolor del campo de entrenamiento de las pruebas nunca alcanzaré el objetivo para el que me preparaste. Dame paciencia, dame resistencia y mantén mis ojos puestos en ti. Amén.

9

Amram y Jocabed

Pueblo exaltado y la gloria de Jehová

Por la fe Moisés, cuando nació, fue escondido por sus padres por tres meses, porque le vieron niño hermoso, y no temieron el decreto del rey. (He. 11:23)

Si usted es cristiano me gustaría hacerle una pregunta muy personal: ¿Por qué sigue a Cristo? Más simple, ¿por qué cree usted en Dios? ¿Por qué va a la iglesia, ora y lee su Biblia? ¿Por qué cree? Piense en eso por un momento. Mientras piensa, déjeme hacerle una pregunta más difícil: ¿Creería usted aunque no tuviera nada que ganar por ello? Casi puedo escuchar el coro de "bueno, por supuesto..." saliendo del salón de la Escuela Dominical más cercana, pero si enfrentáramos una situación donde esta pregunta fuera más que una teoría, ¿cuál sería nuestra respuesta?

Una joven familia se encontró cara a cara con esta pregunta hace mucho tiempo. Todo lo que estaba pasando alrededor de sus vidas indicaba que Dios los había olvidado. Desde el tiempo en el que los padres eran niños, habían escuchado historias acerca de cómo Dios escogió a su pueblo de entre todas las naciones de la tierra. Dios prometió darles una tierra especial algún día, una tierra de la cual se decía que fluía leche y miel. En esa tierra todos sus sueños se harían realidad. Pero las historias solo parecían cuentos de hadas ahora. Siglos habían pasado desde que alguien había escuchado algo de Dios, y en ese tiempo su "pueblo escogido" había sido reducido a una nación de esclavos. Sus amos los oprimían y el rey los aterrorizaba matando a sus hijos de manera indiscriminada. Por años el pueblo oró pidiendo ayuda, y por años parecía como si sus oraciones caían de regreso al suelo, sin respuesta.

Dada esta situación, ¿creería usted en un Dios bueno y amante? ¿Habría la posibilidad de que usted pensara que Dios cuida de usted? Millones de personas alrededor del mundo hoy día se encuentran a sí mismas en circunstancias similares. Desde los interiores de las ciudades de Estados Unidos hasta el tercer mundo, la vida es difícil y sin ninguna ayuda a la vista. Podemos decirles a los que sufren que sus vidas tomarán un giro distintivo hacia lo mejor si sencillamente creen en el Señor Jesucristo, pero usted y yo sabemos que no hay garantía de ello. Pongámonos en el lugar de ellos por un momento. ¿Sería firme nuestra fe si nuestra miserable condición nunca terminara?

Hasta que comencemos a ver la cuestión de la fe en un Dios bueno y benevolente a través de los ojos de los que viven en un desamparo interminable, nunca podremos apreciar por completo la fe de Amram y Jocabed, los padres de Moisés. Ellos nacieron en Egipto casi trescientos años después de que Jacob se estableciera con su familia allí bajo la dirección de José. Después de la muerte de José, un nuevo rey se levantó al poder y vio el crecimiento de la población hebrea como una amenaza a la seguridad nacional. En respuesta, este rey esclavizó a los descendientes de Jacob y comenzó la opresión que se hizo más severa con cada Faraón que se levantaba. Para el tiempo en el que Moisés nació las cosas se habían puesto tan mal que los egipcios estaban tirando a todos los bebés hebreos varones al río Nilo.

Las actitudes que prevalecían entre los hebreos eran el temor, el enojo y la desesperación. Ya habían ido inclusive más allá de la idea de que Dios los había abandonado. En gran parte ellos habían abandonado a Dios. Para ser más exactos, ellos se había olvidado de Dios. Lea a través del libro de Éxodo y observe cuán ignorante era el pueblo de Israel acerca de Dios. Durante su cautiverio en Egipto habían adoptado varias de las prácticas religiosas de sus opresores. Las cosas se habían hecho tan malas que Moisés le había preguntado a Dios en la zarza ardiente: "Supongamos que voy con los israelitas y les digo: 'el Dios de tus padres me ha enviado a ti', y ellos me dirán: '¿Cuál es su nombre?' ¿Qué les diré?" (véase Éx. 3:13). No era el Faraón el que se preguntaría quien era este Dios, eran los mismos israelitas.

Hagamos la pregunta que comenzó este capítulo a la pareja levita a la cual les nació Moisés. A la luz de sus circunstancias, ¿por qué razón debían creer? Sus nombres nos dan nuestra primera pista. El padre de Moisés llevaba el nombre de Amram, un nombre que significa "pueblo exaltado". El nombre de su madre era Jocabed, lo cual significa "la gloria del Señor" o "la gloria de Jehová" (sus nombres están en Éx. 6:20.) Estos me dan la impresión de ser nombres muy extraños para esclavos oprimidos. Una nación de esclavos no es el tipo de pueblo que usted consideraría como exaltado. Tampoco parecería que el Señor pudiera derivar mucha gloria de gente que trabajaba en lodazales haciendo ladrillos. Sus nombres suenan como simples deseos... o declaraciones de fe. El nombre Jocabed es una declaración atrevida de la fe en Jehová, el Dios invisible, el único y verdadero Señor sobre todos. Amram habla de las promesas de Dios. Solo alguien que creyera con firmeza en el pacto que fue originalmente hecho a Abraham podía decir que estos esclavos serían algún día exaltados.

Los nombres de los padres de Moisés revelan una de las razones más comunes por las que creemos en Jesús: copiamos la fe de nuestros padres. Escuché por primera vez la historia de Dios creando el mundo de la nada, de los labios de mi madre. Mis padres me llevaban a la iglesia con frecuencia y me leían la Biblia antes de ir a la cama. No solo mis padres creían, sino que también mis abuelos eran cristianos firmes. Creer en Jesús era algo que yo hacía naturalmente de niño, era una tradición familiar. Los estudios muestran que la vasta mayoría de los cristianos fueron salvos antes de cumplir dieciocho años.

Sin embargo, continuar con una tradición familiar no dura mucho bajo la presión de la realidad. Algo más que una simple fe heredada hizo que Amram y Jocabed desafiaran al Faraón y preservaran la vida de su hijo. El libro de Éxodo hace énfasis en la singularidad de sus acciones. Podríamos catalogar la acción de esconder al bebé del Faraón para evitar que fuera asesinado como una simple medida desesperada de unos padres que amaban a su hijo; sin embargo, esta explicación olvida el resto de la historia. A la edad de tres meses, Moisés fue puesto en un bote canasta y fue colocado entre los juncos del Nilo. Su hermana mayor, María, observó a la distancia para ver qué le sucedería al bebé. El amor no puede explicar esto. ¿Por qué lo pondrían en el río? ¿No era mejor que lo siguieran escondiendo o trataran de escapar de Egipto para salvar la vida del niño? Al poner a Moisés en el bote canasta, estaban en efecto poniéndolo en las manos de Dios. Ellos sabían que este no era un niño ordinario porque sentían que Dios tenía planes para Moisés, ellos le confiaron su niño a Dios.

Estas eran decisiones audaces para una pareja que veía muy poca prueba tangible de la fidelidad de Dios. Sé que podemos hablar acerca de los beneficios espirituales de seguir al Señor. Podemos hablar acerca del cielo y de la paz interior y de la comunión con Dios y todo eso, pero seamos sinceros, sus vidas fueron horribles. Nadie en sus cinco sentidos querría estar en sus lugares. Para Amram y Jocabed, creer en Dios no era conveniente, rentable, popular o, a la luz de las circunstancias, lógico. No podemos ver sus vidas y apuntar hacia algo como la razón por la que ellos creían. Algunos dirían que creer les daba algo de lo cual aferrarse para sobrevivir en los tiempos difíciles que enfrentaron. Si ese fuera el caso, ¿por qué creerían en el Dios de los esclavos? Creer en los dioses de los egipcios tenía mucho mas sentido. Si ellos estuvieran solo "creyendo" por comodidad emocional, ¿no creerían en algo que pareciera funcionar? Su fe no los liberó de los lodazales de ladrillo o del látigo; tampoco los eximió de las órdenes del Faraón. Dios no era un medio para conseguir un fin. Para que ellos creyeran se necesitaba la firme convicción de que a pesar de todo lo que su mundo les comunicaba, solo el Señor es Dios.

Amram y Jocabed desafían la mayoría de nuestras definiciones modernas de la fe. Muchos de nosotros reprobaríamos la prueba que Satanás le propuso a Dios con respecto a Job cuando preguntó: "¿Acaso teme Job a Dios de balde?" (Job 1:9). El diablo suponía que el día que Job perdiera sus casas y sus rebaños e hijos sería el día que le daría la espalda a Dios. Me temo que probablemente Satanás tendría razón si esa pregunta fuera formulada acerca de uno de nosotros. Varios de nosotros le tememos a Dios por las bendiciones materiales que podemos obtener de Él. Si perdiéramos nuestra salud, o nuestros trabajos, o hijos y todo lo demás a lo que nos aferramos en esta vida, maldeciríamos a Dios en su propia cara.

Sin embargo, como seguidores de Jesucristo debemos ya haber perdido todo. En el tercer capítulo de la carta a los filipenses leemos estas palabras: "y ciertamente, aun estimo todas las cosas como pérdida por la excelencia del conocimiento de Cristo Jesús, mi Señor" (v. 8). Cuando conocemos a Cristo debemos considerar todo lo demás como basura, debemos perderlo todo por Él. Para la amplia mayoría de nosotros esto se mantiene como una teoría espiritual, un ideal que nunca hemos puesto a prueba. Pero debe convertirse en más que eso. ¿La fe que se evapora en la cara de la adversidad es en realidad fe del todo?

Al principio de este capítulo le planteé una pregunta: ¿Continuaría usted creyendo si Dios no influyera de manera tangible en su vida? ¿Qué sería de su fe si la realidad diaria fuera en picada? ¿Y si sus oraciones más desesperadas parecieran pasar sin ser contestadas? ¿Y si tuviera que ver a sus hijos sufrir también? ¿Qué haría entonces? ¿Se aferraría aún al Señor? Amram y Jocabed lo hicieron. ¿Lo hará usted?

¿Creería aún? Tú sabes Señor, cómo quiero pensar que lo haría. Pero el proyecto de pasar por la clase de pruebas que Amram y Jocabed enfrentaron me llena de temor. Fortalece mi fe, Señor. Sé que a menos que tu mano me sostenga, de seguro caeré. Amén.

10

Moisés

Sacado del agua

Por la fe Moisés, hecho ya grande, rehusó llamarse hijo de la hija del Faraón, escogiendo antes ser maltratado con el pueblo de Dios, que gozar de los deleites temporales del pecado, teniendo por mayores riquezas el vituperio de Cristo que los tesoros de los egipcios; porque tenía puesta la mirada en el galardón. Por la fe dejó a Egipto, no temiendo la ira del rey; porque se sostuvo como viendo al Invisible. Por la fe celebró la pascua y la aspersión de la sangre, para que el que destruía a los primogénitos no los tocase a ellos. (He. 11:24-28)

De Génesis al Apocalipsis vemos a personas dejar lugares acogedores y cómodos para seguir la voluntad de Dios. Abraham dejó Ur de los caldeos para ir a una tierra que nunca había visto. Jacob dejó Canaán para encontrar socorro de la hambruna. Cuatrocientos años después, los descendientes de Jacob (que para entonces totalizaban dos millones) dejaron Egipto para regresar a Canaán. Samuel dejó a su madre para servir en el templo. David dejó a su familia para servir a Saúl. Jesús dejó el cielo para venir a la tierra. Jacobo y Juan, Andrés y Simón dejaron sus respectivos negocios familiares de pesca para seguir a Jesús. Mateo dejó su casilla de recolección de impuestos para convertirse en discípulo. Jesús dejó a los discípulos para regresar al cielo, pero prometió regresar. Saulo, quien se convertiría en Pablo, dejó una carrera muy prometedora como rabino para convertirse en el apóstol a los gentiles. Cuando Cristo regrese, su iglesia dejará la tierra para encontrarle en el aire.

Cuando me propuse escribir este capítulo por primera vez, planeé ponernos en esta lista. Quería explorar todas las cosas que tenemos que dejar atrás para seguir a Jesús. Pero a manera que me puse a explorar mi propia vida, encontré que mi experiencia se queda pálida en comparación con la de Moisés o la de Pablo. Veamos de cerca la vida de Moisés y usted observará lo que quiero decir.

El escritor de Hebreos se refiere a Moisés once veces a través de todo el libro. La sección de Moisés en el capítulo once es el segundo en longitud, solo Abraham lo supera. Una idea salta de las páginas a medida que una persona lee el párrafo dedicado al gran legislador: siempre dejó algo.

> *...dejó la casa de su madre adoptiva, la hija del Faraón.*
> *...dejó los tesoros de Egipto.*
> *...dejó la tierra de Egipto.*
> *...dejó a su suegro en el desierto para liberar a los hebreos de la esclavitud.*

La fe movió a Moisés de un lado para otro. Lo que lo hace distinto de los demás es lo que dejo atrás.

La gente todavía deja cosas atrás para seguir a Cristo hoy día. La mayoría de nosotros dejamos hábitos negativos o estilos de vida destructivos, cosas que necesitamos abandonar aún si no decidiéramos seguir a Jesús. Algunos de ustedes han dejado familia y amigos y todo lo que ustedes tenían como precioso porque han decidido amar a Cristo. Pero la mayoría de nosotros dejamos muy pocas cosas por Él. Dejé la amargura y el enojo cuando me volví con seriedad hacia Dios, lo cual no es un gran sacrificio. Un amigo mío cercano dejó el alcoholismo; otro amigo se alejó de una vida de crimen. Un hilo común corre a través de la mayoría de nuestras historias: dejamos algo malo y destructivo a cambio de una mejor vida. No así Moisés.

Moisés dejó atrás una enorme lista de cosas positivas a cambio de un trato negativo, por amor a Dios. Cuando rechazó ser conocido como el hijo de la hija del Faraón, abandonó a la mujer a la que había considerado como su madre por cuarenta años. También dejó prestigio y honor. Su nombre egipcio, Moisés, lo colocaba en el linaje de los Faraones. Algún día pudo haber gobernado Egipto o, por lo menos, pudo haber disfrutado de una posición importante y cómoda. Cuando le dio la espalda a la familia real, dejó atrás riquezas. Aun los "placeres del pecado" tienen más que ver con el extravagante estilo de vida de los egipcios que con algo obviamente malo, como sería la adicción a las drogas.

La vida de Moisés no mejoró después de que escogió ser contado con los esclavos hebreos. Nunca más volvió a tener un techo sólido sobre su cabeza. Por cuarenta años en Madián y por cuarenta años más guiando a los hijos de Israel a cruzar la península del Sinaí, vivió en tiendas. A cambio de las riquezas, recibió desgracia; por los placeres de Egipto, recibió maltrato por parte de los egipcios y de sus propios compatriotas por igual.

Moisés no podía olvidar lo que le costó servir al Señor. Su nombre continuamente le recordaba todo lo que había dejado atrás. Abraham recibió un nuevo nombre después de que empezó a servir a Dios, un nombre que miraba hacia el futuro, a todo lo que Dios tenía reservado para él. Así también sucedió con Pedro, Mateo y Pablo. No así con Moisés. La hija del Faraón le dio su nombre cuando lo encontró en el Nilo. "Moisés" era un nombre común de los nombres de los Faraones y sus descendientes. El Señor nunca lo cambió. No le dio un nombre hebreo más apropiado. A Abraham su nombre le aseguraba las promesas de Dios; los nombres de Pedro y Pablo reflejaban el llamado de Dios, pero el nombre de Moisés le recordaba de todo lo que había dejado atrás para vivir en tiendas, con dos millones de personas que lo culpaban por la miseria en la que vivían.

Nuestra perspectiva acerca de Dios cambiaría por completo si fuéramos repentinamente transportados a otros lugares en el globo. Los creyentes iraníes escogen a Cristo a riesgo de sus propias vidas. Como consecuencia de la revolución islámica es ilegal convertirse del Islam al cristianismo. El castigo es la muerte. Los cristianos en la China comunista enfrentan persecución diaria. Si profesan su fe abiertamente lo mejor que podrían conseguir sería trabajos y oportunidades de segunda clase. Muchos creyentes son enviados lejos a campos de reeducación hasta que vean la luz del marxismo. De Vietnam a Perú, al Medio Oriente y alrededor del mundo, de acuerdo a algunos historiadores, más gente ha muerto por la causa de Cristo durante el siglo XX que en los previos diecinueve siglos.

Solía pensar que era una bendición vivir en una tierra donde no tenemos que dejar mucho para seguir a Cristo. Ahora no estoy tan seguro. No me interprete mal: no quiero que el campamento juvenil de la iglesia de este año sea en la prisión local, pero también sé que mientras más me cueste algo, más lo voy a atesorar. Tengo un automóvil viejo que me cuesta muy poco, lo cual se refleja en la manera en que lo trato. Tiene suerte si lo lavo una vez al año y dudo que algún día vaya a encerarlo. Cada seis meses más o menos saco la basura del asiento trasero. Una fuga de aceite me ayuda a no perderme. El asiento del chofer está sujetado en su lugar por un gancho para ropa doblado. Cuando alguien me chocó la defensa de plástico frontal, sencillamente corté las piezas rotas. Nunca le pongo llave ni me preocupo por él. El automóvil casi no tiene valor de acuerdo a los nuevos catálogos de autos, y yo lo valoro por lo que vale. Cuando seguir a Cristo sale barato, esto se refleja en nuestro compromiso con Él.

Moisés renunció a mucho para seguir a Dios, pero nunca escuchamos ningún remordimiento de su parte. La gente que guió constantemente clamaba regresar a Egipto, sin embargo nunca escuchas esas palabras caer de los labios de Moisés. El resto de la gente dejó la dura vida de la esclavitud; él dejó las riquezas de un príncipe. El pueblo a menudo pensaba en las viandas y las cebollas de las que disfrutaban durante sus descansos después de hacer ladrillo sin paja; Moisés ni siquiera se acordó de los placeres que él había previamente disfrutado. No tenía tiempo de volver la mirada atrás puesto que estaba demasiado ocupado mirando hacia adelante. Todo lo que tuvo en Egipto era solo temporal, y su corazón deseaba algo permanente. Las pérdidas de todos podían compararse al precio que Moisés pagó para seguir a Dios. Sin embargo, él era el que menos remordimientos tenia.

El escritor de Hebreos incluye un acto de fe que confirma la visión futura de Moisés. Por fe guardó la Pascua. A simple vista es difícil ver cómo esto se relaciona con los demás hechos registrados que se concentran en dejar algo detrás. Esto es difícil hasta que contamos el factor del significado de la Pascua. No solo conmemoraba el acto más grande de salvación de Dios en el Antiguo Testamento, sino que también veía hacia adelante a un tiempo cuando su salvación estaría completa. Desde una perspectiva del Nuevo Testamento sabemos que esto era un reflejo futuro de Cristo, el cordero supremo de la Pascua. Dudo que Moisés haya entendido todas estas implicaciones, pero sabía que esta celebración uniría a todas las generaciones futuras de creyentes con la primera generación que esparció sangre en los dinteles de sus puertas. La Pascua, la salvación de Dios, hizo olvidar a Moisés todo lo que había dejado atrás. Él sabía que el tiempo de vivir en tiendas pasaría y todas las promesas de Dios se harían algún día realidad. Nada de lo que había en Egipto podría jamás compararse con lo que estaba por delante.

Sé que se siente como si dejáramos mucho por seguir a Cristo, y algunos de nosotros lo hacemos. Los que fueron educados en el Islam, o en el mormonismo, o una de los otras religiones no cristianas, saben lo que significa dejar todo atrás para seguir a Cristo. Aun los que fueron educados en la iglesia, que nunca han conocido nada más que estilos de vida cristianos, ven a otros satisfaciendo sus deseos pecaminosos y diciendo que los cristianos se lo están perdiendo y en ocasiones es tentador creer que tienen razón. En ocasiones los creyentes tienen que dejar buenos trabajos basados en su negativa de comprometer sus convicciones éticas. Para seguir a Cristo se necesita un compromiso de tiempo y dinero que nosotros a menudo preferiríamos gastar en nuestros propios placeres. Sin embargo, nada a lo que podamos renunciar puede compararse a lo que nos espera más adelante.

Seguir a Cristo nos hace extraños y extranjeros en nuestro mundo. A veces esto nos deja muy solitarios, muy fuera de lugar. He aquí las buenas noticias. Nosotros somos extranjeros en este mundo porque nuestro hogar real está en el mundo venidero. Recuerde las palabras del apóstol Pablo: "pero una cosa hago: olvidando ciertamente lo que queda atrás, y extendiéndome a lo que está delante, prosigo a la meta, al premio del supremo llamamiento de Dios en Cristo Jesús" (Fil. 3:13, 14). Moisés nos recuerda del costo de seguir a Cristo, pero también nos confirma que es una ganga a la luz de lo que ganamos.

Señor, mis sacrificios a veces parecen tan grandes hasta que los veo desde tu perspectiva. Nada puede compararse con conocerte a ti; ningún precio es demasiado grande para pagar. Haz que el amor por mi mundo decrezca de manera que pueda seguirte a ti. Amén.

11

El pueblo de Israel

El que lucha con Dios

Por la fe pasaron el Mar Rojo como por tierra seca; e intentando los egipcios hacer lo mismo, fueron ahogados. Por la fe cayeron los muros de Jericó después de rodearlos siete días. (He. 11:29, 30)

Me parece difícil mantenerme objetivo cuando leo el Antiguo Testamento. Varias de las historias acerca de la nación de Israel me hacen querer gritar: "¿Qué no entienden ustedes?" Esto podría sonar un poco irrespetuoso, pero los israelitas actuaban como tontos la mayor parte del tiempo. ¿Eran o se hacían? ¿Acaso no pensaría que al fin comprenderían de una vez por todas que el Señor es Dios? Pero no, seguían titubeando una y otra vez entre Dios y la cultura popular. Un día estaban orando al Señor y haciendo todo tipo de juramentos de servirle para siempre. Luego damos vuelta a la página y los encontramos de nuevo sobre sus rostros, adorando a Baal o a Moloc o a un becerro de oro. No queda duda de por qué era que Dios se frustraba tanto con ellos. ¿Quién no lo haría?

Por supuesto, nosotros nunca actuamos como Israel lo hizo en el Antiguo Testamento al titubear en nuestro compromiso con el Señor. Bueno... eh... casi nunca. Pero eso es diferente. Israel tenía profetas como Moisés, dándoles instrucciones directas de Dios. Todo lo que tenemos es la Biblia, un libro de instrucciones que data de... eh, nuestra situación sigue siendo diferente. Israel vio milagros todo el tiempo. Bueno, quizá no todo el tiempo. En realidad, me imagino que los milagros eran muy raros también en ese entonces. Pero nunca vemos alguno, bueno, casi nunca. Muy bien, nosotros vemos a Dios trabajando todo el tiempo en el mundo, pero bueno, eh... eso es diferente. Está bien, ahora lo tengo. Ellos seguían acudiendo a los ídolos, tratando de ser como todos los que los rodeaban. Nosotros no adoramos ídolos; nosotros nunca dejamos que algo se entrometa entre el Señor y nosotros. Nosotros no tratamos de ser como todos los demás. No, para nada... o quizá en la música que escuchamos y los programas que vemos en la televisión, pero nosotros no adoramos a los ídolos del mundo.... por lo menos no muy a menudo.

Por esto me cuesta mucho trabajo mantenerme objetivo cuando leo las historias del Antiguo Testamento. Israel me frustra. Quiero gritarle a los hebreos, preguntándoles cuándo van a entender; pero ellos gritan contestando haciéndome la misma pregunta. Israel durante su peregrinaje a través del desierto es muy parecido a usted y a mí. El nombre de Israel viene del nuevo nombre que Dios le dio a Jacob, el padre de los israelitas, y literalmente significa "el que lucha con Dios". A menudo nos encontramos a nosotros mismos luchando con Dios, luchando con el plan que Él quiere lograr en nosotros. Dios tenía un plan para Israel. Su objetivo era llevar a su pueblo de ser infantes espirituales que solo acudían a Él cuando no les quedaba otra opción, y los transformó en una nación de gente que caminó por fe. No debería sorprendernos encontrar que Dios tiene el mismo plan para cada uno de nosotros. El proceso en ocasiones se siente como si estuviéramos vagando por ahí, no sabiendo dónde estamos o hacia dónde vamos, más o menos igual que los israelitas en el desierto. Podemos aprender mucho de su experiencia a medida que seguían al Señor fuera de Egipto en camino a la Tierra Prometida.

El escritor de la carta a los hebreos hace referencia a dos eventos claves cuando la gente de Israel actuó en fe. Ambas son historias favoritas de todo niño en la Escuela Dominical. El primero sucedió poco tiempo después de que marcharon triunfalmente fuera de Egipto bajo el liderazgo de Moisés. Diez plagas habían azotado a Faraón y a su pueblo, dejándolos quebrantados y derrotados y permitiéndole al pueblo de Israel salir victoriosos. Sin embargo la fiesta de victoria de Israel no duró mucho. El Faraón juntó a sus tropas y persiguió a los hijos de Israel hasta el Mar Rojo. El pueblo estaba atrapado. En un lado estaba la muerte a espada; en el otro, la muerte por ahogo. Se llenaron de pánico, pero Dios no. Le dijo a Moisés que estirara sus manos hacia el mar y, a medida que lo hacía, el mar se dividió. Un viento sopló desde el este y las aguas se levantaron como una pared en ambos lados, dejando un camino de tierra seca como una ruta de escape para los hebreos.

El segundo evento ocurrió cuarenta años después, pero fue también espectacular. Después de que los israelitas al fin habían entrado a la Tierra Prometida se encontraron cara a cara con el primer gran obstáculo, la ciudad de Jericó. La ciudad estaba rodeada de gruesos muros. En la mayoría de los ataques contra ciudades amuralladas se usaban rampas y vehículos que arremetían contra las puertas, pero Josué, el comandante de los ejércitos de Israel en ese momento no tenía nada de eso. Para ser ejército, el suyo estaba muy mal equipado para llevar a cabo una tarea tan formidable como atacar a una ciudad amurallada. Este detalle menor no detuvo a Dios: ordenó el ataque. El Señor instruyó a Josué para que hiciera que el pueblo marchara alrededor de la ciudad en completo silencio una vez al día durante seis días. El único sonido que debía haber eran sacerdotes tocando trompetas. En el séptimo día debían marchar alrededor de la ciudad siete veces, luego el pueblo debía gritar, las trompetas debían tocarse y los muros caerían. Josué y el pueblo obedecieron y la ciudad de Jericó cayó.

Estos dos eventos están separados por más que simple tiempo. La diferencia en la madurez espiritual del pueblo es notable. En el Mar Rojo el pueblo de Israel no eran nada más que infantes espirituales. Cuando vieron los ejércitos del Faraón en el horizonte se llenaron de pavor. "¿No había sepulturas en Egipto que nos has traído al desierto a morir?" le gritaban a Moisés. Es muy difícil que esto sea una firme declaración de fe. Sin embargo, Dios los rescató. El mar no se abrió por su fe; Dios actuó a pesar de ellos. Pero caminar por el mar requería una buena cantidad de fe, al igual que una buena medida de temor por el ejército egipcio. Fue una extraordinaria experiencia de aprendizaje. Desde ese momento en adelante el Faraón nunca volvió a molestarlos, y ellos sabían que Dios no los abandonaría. Lamentablemente, en unos cuantos días los encontramos quejándose de nuevo. De alguna forma olvidaron la lección que habían aprendido en el mar. Se quedaron sin agua, así que pensaron que corrían el riesgo de morir de sed. Una vez más Dios respondió y les dio lo que necesitaban.

Iniciamos nuestro peregrinaje espiritual como infantes. Por fe confiamos que Cristo nos perdona nuestros pecados y nos adopta en su familia, pero aún tenemos mucho que aprender acerca de lo que significa vivir por fe. Es fácil para nosotros en ese momento creer en Dios para las grandes cosas de la vida. Su meta es enseñarnos a apoyarnos en Él para todo. ¿Puedes relacionarte con aquél Israel parado a la orilla del mar? Yo puedo. Los problemas atacan y nos llenamos de pánico. Puede ser la pérdida de un trabajo, o gastos médicos imprevistos o algo aún mucho mayor; pero lo que quiera que sea, amenaza con alterar el flujo entero de nuestra vida. Nuestra reacción inmediata es preguntarnos por qué Dios dejaría que esto sucediera. Buscamos una salida en todos los lugares que podemos, solo para encontrar cada avenida bloqueada. Al final acudimos a Dios y, ¡sorpresa! Dios responde.

A través de estas experiencias el Señor está enseñándonos con delicadeza que es fiel. Lo que es más, que está trabajando para remover todos los objetos de utilería en los que confiamos para que aprendamos a confiar solo en Él. Dios no está siendo severo o malicioso, todo lo contrario. Dios conoce lo que necesitamos, y por sobre todas las cosas lo necesitamos a Él. Dios nos salvó para que lo conociéramos y le trajéramos gloria. Por lo tanto, Él reacomoda los eventos en nuestra vida para hacer eso posible. Eche un vistazo atrás al Mar Rojo. ¿Quién recibió la gloria? Dios. Piense en las situaciones de crisis que han azotado su vida. Estas son oportunidades para que Dios repita lo que hizo en medio del desierto del Sinaí.

Dios no iba a dejar al pueblo de Israel como infantes,

tampoco nos va a dejar en ese nivel. Desde el Mar Rojo al Monte Sinaí, donde la Ley fue dada, el pueblo de Israel enfrentó una serie de crisis, cada una de las cuales estaba diseñada para enseñarles a caminar por fe. Se quedaron sin comida, se quedaron sin agua, y fueron atacados por los amalecitas. Cada vez que llegaban los problemas, el pueblo se llenaba de pánico, pero Dios los libró. Después de que llegaron al Sinaí, Dios comenzó a enseñarles por medio de su palabra. Los Diez Mandamientos y el resto de la Ley fueron dados a Moisés en la cima del monte. Moisés, a su vez, enseñó la Ley de Dios al pueblo.

El centro de los requerimientos de la Ley era la fe. Por su misericordia y gracia, Dios escogió a Israel para que fuera su pueblo. Por fe Él sería su Dios. La Ley les mostraba cómo debían caminar con Él. Eso marcaba la característica en su relación con Él. Después de dos años en el monte Sinaí, Dios ya no trató con ellos como infantes. La corrección estaba mezclada con los milagros que los libraron de sus quejas, porque Dios tenía grandes planes para su pueblo. Dios sabía lo que les esperaba al otro lado del río Jordán; sabía de las batallas que iban a enfrentar, pero también las victorias que Él les daría. El pueblo nunca disfrutaría estas victorias hasta que aprendieran a caminar por fe como creyentes maduros.

Recordamos cómo Israel pasó cuarenta años vagando en el desierto, pero olvidamos que el plan original de Dios era que el viaje solo durara dos años. Ellos fallaron en aprender las lecciones. ¿Qué otra le quedaba a Dios sino repetirlas una y otra y otra vez? Cuando Dios los llevó por primera vez a la Tierra Prometida el pueblo echó un vistazo a los cananitas y decidieron regresar corriendo a Egipto. Ellos sabían que nunca podrían derrotar ejércitos que los hicieran ver como saltamontes. Esa era la idea. Ellos no podían, pero Dios sí. Lo demostró cuarenta años después en Jericó cuando habían aprendido, por lo menos temporalmente, a confiar en Él.

Durante nuestro peregrinaje con Dios, Dios tiene muchas lecciones que quiere enseñarnos. Quiere que aprendamos del ejemplo de Israel y nos mantengamos alejados de la inmoralidad sexual y de la idolatría (véase 1 Co. 10:7, 8), pero también quiere que vayamos mucho más allá de solo evitar el pecado. Nuestro Señor quiere que caminemos con Él por fe. Hay situaciones imposibles de enfrentar por nosotros, pero Dios quiere usarnos para destruirlas. Las naciones al otro lado del globo están cerradas al evangelio, y Dios quiere usarnos para llevarles la luz de Cristo. Enormes barreras de racismo y odio dividen a nuestras naciones; Dios quiere romper estas barreras a través de nosotros. Nuestro Dios es el Dios de lo imposible. Se deleita en hacer lo que los críticos dicen que no puede ser hecho, pero nunca hace estas cosas solo. Nos invita a unirnos a Él y ser parte de su plan eterno. De la misma forma que lo hizo con Israel, Dios ha hecho grandes planes para usted y para mí, planes para los cuales necesitamos crecer antes de experimentarlos.

Si el grupo de gente que pasó por el Mar Rojo hubiese llegado a Jericó, nunca hubiesen tomado el primer paso alrededor de sus muros. Ya puedo imaginarme lo que hubiesen dicho: "¿Y si nos tiran rocas mientras estamos caminando? ¿Qué haremos entonces? ¿Y si los muros nos aplastan cuando caigan? ¿Qué has planeado, Moisés, para evitar eso? ¿Y si salen de la ciudad y nos persiguen? ¿Quién nos protegerá?" Ese grupo de gente nunca estuvo cerca de llegar a ser como la gente que estuvo en Jericó. Todos ellos murieron en el desierto debido a que se negaron a aprender de Dios. Se negaron a crecer.

Bien podría ser que la razón por la cual no vemos a Dios hacer más en nuestra nación es que Dios esté todavía esperando un pueblo que esté dispuesto a confiar en Él para hacer lo imposible. Los niños espirituales no ganan batallas espirituales. Solo los maduros soportarán la batalla y confiarán que Dios les dará la victoria. Anhelamos ver lo espectacular, pero Dios quiere que confiemos en Él cuando vemos que nada está sucediendo. Dios continuará repitiendo las lecciones hasta que al fin las entendamos. Israel necesitó cuarenta años para aprender lo que debió haber aprendido en solo dos. No cometamos el mismo error.

Dios, cuando lucho contra ti, estoy luchando una batalla que necesito perder desesperadamente. Ablanda mi corazón de modo que pueda aprender las lecciones que tú enseñas. Estoy cansado de gatear como un infante. Por tu gracia y poder, te pido que pronto pueda caminar por fe. Amén.

12
Rahab

Espacio abierto amplio y grande

Por la fe Rahab la ramera no pereció juntamente con los desobedientes, habiendo recibido a los espías en paz. (He. 11:31)

La última persona que esperaríamos encontrar en una lista de héroes bíblicos sería una mujer con un pasado dudoso. Rahab tenía "tres goles" en su contra. Primero, ella fue una gentil mucho antes de que Israel tomara en serio la orden de ser una luz para los gentiles. El nombre del Señor no existía entre su pueblo, mucho menos la idea de cómo conocerlo. Segundo, ella vivía en una ciudad que Dios consideraba demasiado pecaminosa como para poder ser salvada. No solo había Dios ordenado a Josué y a los ejércitos de Israel destruir Jericó, sino que también declaró que nunca debía ser reconstruida. Josué pronunció esta maldición después de su destrucción: "Maldito delante de Jehová el hombre que se levantare y reedificare esta ciudad de Jericó. Sobre su primogénito eche los cimientos de ella, y sobre su hijo menor asiente sus puertas" (Jos. 6:26). Este lugar era al que Rahab llamaba casa. Por último, Rahab era una prostituta en una cultura conocida por su decadencia sexual. La prostitución formaba una parte vital de la adoración a Baal; los adoradores intentaban invocar la bendición de Baal a través de ritos de fertilidad. No, Rahab no es la clase de persona que esperaríamos encontrar junto a gigantes de la fe de la talla de Abraham, José y Moisés.

Sin embargo, el escritor de la carta a los hebreos la incluye en su lista del salón de la fama de la fe. Por fe Rahab recibió a los hombres de Israel que habían ido a espiar la tierra de Canaán. Las noticias del Dios que había dividido el Mar Rojo y destruido al ejército de Faraón habían llegado hasta Jericó mucho antes de que los espías llegaran. Rahab creyó en Dios, y se le concedió vivir. El segundo capítulo de la carta de Santiago la pone junto con Abraham como un ejemplo de fe expresándose a sí misma en acción (vv. 20-26). Rahab hace más que decirnos acerca de la naturaleza de la fe; ella nos muestra lo único que podemos esperar de Dios cuando acudimos a Él, o sea, su gracia. Su nombre tiene el inusual significado de "amplio", un término usado para describir grandes campos o una plaza pública. En su caso es el nombre perfecto para describir la amplitud de la misericordia y gracia de Dios.

El nombre de Rahab y su historia nos aseguran que nadie está lejos del perdón. Necesitamos que se nos recuerde esto a menudo. Me cuesta admitir esto, pero uno de mis más grandes obstáculos para compartir el evangelio es mi impulso natural de juzgar a otros. Creo que esto es algo que todos llevamos muy adentro. El pecado de otros nos disgusta, en particular el que catalogamos como pecados mayores. Usted los conoce, pecados tales como el asesinato, la violación, el maltrato de niños, la homosexualidad, la desviación sexual, el aborto. Podremos decir que amamos al pecador pero odiamos al pecado, sin embargo, en la vida real estas dos cosas son difíciles de separar.

Hace ya algunos años visité la prisión en Chino, California, como parte del equipo evangelístico de Bill Glass. Fui seleccionado con otro grupo de hombres para ir a la unidad de aislamiento del VIH, virus que causa el SIDA, para compartir el evangelio con los reclusos encerrados en esa área. A medida que entrábamos, un preso en particular captó la atención de todos nosotros. Es probable que nos viéramos como tontos, sorprendidos e incrédulos. Este prisionero, sentado en el centro de una mesa en la cafetería, parecía como si perteneciera a la prisión de mujeres. Desde su cabello hasta las uñas de sus manos, era el hombre más afeminado que me hubiese encontrado jamás. Mi primera y duradera impresión fue mantenerme lo más alejado posible de ese individuo. La mayoría de mis compañeros consejeros tomaron la misma decisión. Hasta que un hombre de nuestro grupo caminó hacia ese individuo, lo saludó, le dio la mano y se sentó a comer y hablar del evangelio con él. Fue solo entonces cuando me di cuenta de cómo mi espíritu de juicio separaba a este hombre de las buenas noticias que tanto necesitaba oír.

Me alegro de que Dios no sea tan severo con los pecadores como yo a veces me doy cuenta de que quiero ser. Si Él lo fuera, no estaría escribiendo estas palabras ahora mismo. Todavía estaría atorado en un estilo de vida sin salida, de enojo y amargura. Nos es demasiado fácil olvidar lo asqueroso que nuestro pecado es ante los ojos de Dios. Usted y yo no somos diferentes a una prostituta en Jericó o un prisionero en Chino. Todos hemos pecado, cada uno de nosotros, y la gracia de Dios es lo bastante grande para perdonarnos a todos. Esta es la belleza de la historia de Rahab. Ella nos asegura que todos, sin importar lo que hayamos hecho, podemos ser perdonados debido a la grandeza de la gracia de Dios, mientras que al mismo tiempo nos recuerda que todos, sin importar lo que hayan (o no hayan) hecho, deben encontrar perdón en la gracia de Dios.

En Rahab vemos cómo la gracia de Dios va más allá del perdón, hasta llegar a la aceptación en su familia. Después de que su vida fue perdonada por el ejército invasor de Josué, Rahab se convirtió en parte de la nación de Israel. Con el tiempo parece que se casó con un miembro de la tribu de Judá y dio a luz a un hijo llamado Booz. Él se casó con Rut quien tuvo un hijo llamado Obed. Él fue el padre de Isaí, e Isaí fue el padre de David, rey de Israel. Mil años después María, otra descendiente de Rahab, tuvo un hijo, su nombre fue Jesús. Cuando Jimmy Carter, un agricultor de maníes del estado de Georgia se convirtió en presidente, dijimos "esto solo sucede en Estados Unidos". Cuando una prostituta se convierte en parte del árbol familiar del Salvador del mundo, solo podemos menear la cabeza y decir: "solo por la gracia de Dios".

Esto en realidad no debería sorprendernos. Dios se deleita en escoger a la gente menos probable para ser parte de su familia. Él no busca a los mejores y los más brillantes; en su lugar, llama a gente como usted y como yo. Las referencias en nuestros curriculum no le impresionan, y la larga lista de fracasos que tratamos de esconder no causan que nos deseche. A Dios le gusta encontrar a alguien como Rahab, alguien en extrema necesidad de su gracia de manera que pueda mostrar a toda la creación la grandeza de su misericordia.

La iglesia en Corinto olvidó esta verdad. Por alguna razón su autoconcepto se elevó demasiado. Pablo los trajo de vuelta a la tierra cuando les recordó que la amplia mayoría de ellos no eran sabios por capacidades humanas o por noble nacimiento. El cristianismo todavía no se había convertido en la religión respetable de la clase media alta. En su lugar, la iglesia de Corinto estaba conformada de gente como Rahab: antiguos adúlteros, prostitutas, homosexuales, ladrones, borrachos, estafadores, gente avara (1 Co. 6:9-11). A la luz de la gracia de Dios, no importa lo que solíamos ser. Todo lo que importa ante los ojos de Dios es lo que somos a través Cristo y lo que seremos. Dios no se concentra en nuestro pasado. En su lugar, nos enfoca en lo que nos convertiremos a través de su gracia.

Necesitamos aprender una última lección de la vida de Rahab. Ella jugó un papel vital en el éxito de la conquista de Canaán por parte de los hijos de Israel. Jericó era la ciudad más antigua y una de las más importantes en la región. Su lugar estratégico determinó que debía ser conquistada primero. Por esta razón Josué envió a dos espías para observar la tierra, en especial la ciudad de Jericó. Pero fueron descubiertos. Llegaron rumores al rey de Jericó de que había espías en la ciudad y comenzó una cacería humana para encontrarlos. Su búsqueda lo llevó a la casa de Rahab. En lugar de entregar a los hombres al rey para ser ejecutados, ella los escondió debajo de un montón de lino segado y los ayudó a escapar a los montes. Rahab arriesgó su vida por esos dos extraños porque estaba convencida de que el Señor tu Dios es Dios arriba en el cielo y abajo en la tierra (véase Jos. 2:11).

Estoy seguro de que el Señor pudo haber encontrado a alguien con mejor reputación que Rahab para preservar la misión de los espías, pero no es así como opera. A Dios le encanta demostrar la magnitud de su gracia transformando a pecadores de la vida real en partes integrales de sus operaciones en el planeta Tierra.

En los Estados Unidos, pocas personas eran tan poderosas a principios de la década de los setenta como lo era el consejero principal del presidente. Él era el segundo hombre más importante en la nación, segundo solo después del mismo presidente. Pero solo después de que Charles Colson, el brazo fuerte del presidente Nixon cayó del poder y se convirtió en un coconspirador del escándalo Watergate, fue que el plan supremo del Señor para su vida comenzó a desplegarse. Al Señor no le era de mucha ayuda un político poderoso de Washington; podía hacer mucho más a través de un delincuente condenado y ex prisionero.

Me parece sorprendente cómo Dios convierte nuestros fracasos pasados en avenidas para ministrar hoy. Cuando su gracia nos libera del pecado, nos deja libres para comenzar a cambiar las vidas de otros. Los mismos pecados que nos trajeron tanta vergüenza antes de que viniéramos a Cristo, abren nuevas puertas para que ministremos a personas que están sufriendo a través de experiencias similares. El tiempo de Charles Colson en una prisión federal resultó en la creación de la organización cristiana *Prison Fellowship* [Compañerismo carcelario], un ministerio mundial que ha tocado la vida de reos, sus familias y sus víctimas. Solo un Dios muy grande podría lograr algo así, como solo una gran cantidad de gracia puede ser canalizada por usted y por mí.

Permítame expresar una palabra de advertencia en este punto: debemos tener cuidado de no subestimar la grandeza de la gracia de Dios. Existe un peligro real de que nos lleguemos a acostumbrar tanto a su perdón que dejemos de tomarlo en serio. Una llamada telefónica reciente que recibí me hizo darme cuenta de esta verdad. Un viejo amigo, un compañero pastor, me llamó el otro día. Cuando le pregunté cómo estaba, sencillamente me dijo: "Estoy soltero". Esto me impresionó mucho puesto que él y su esposa habían estado casados más de 25 años. Mi primer pensamiento fue que su esposa había muerto. No, me aseguró, no estaba muerta, solo su matrimonio estaba muerto. Él la había dejado a ella y abandonado en forma momentánea su ministerio por otra mujer. El divorcio es permanente, me aseguró, pero su tiempo fuera del ministerio no lo era. Ahora, me dijo, tendría la capacidad de relacionarse mejor con sus feligreses que pasaban por el dolor del divorcio, puesto que él lo había experimentado por sí mismo. Para mi amigo, la gracia de Dios se había convertido en nada más que una licencia para pecar.

Tenemos que protegernos contra esta idea. La gracia de Dios es tan grande como el mar. Nuestras mentes nunca podrán comprender su grandeza. Pero Dios nos muestra su grandeza para rescatarnos del pecado, no para darnos una excusa extra para continuar viviendo en él. Desde el día en que Josué perdonó la vida de Rahab su vida cambió. Cuando la gracia de Dios toque nuestra vida, nuestra vida cambiará también.

Dios, rompe la línea de juicio que hay en mi corazón. Abre mis ojos para ver a la gente de la manera que tú los ves. Tan a menudo mi corazón juicioso no es nada más que un escudo para tratar de esconder mi propio pecado. Quebrántame; libérame. Transforma los fracasos de los cuales estoy tan avergonzado en avenidas que tú puedas usar para cambiar vidas. Amén.

¿Y qué más digo? Porque el tiempo me faltaría contando de Gedeón, de Barac, de Sansón, de Jefté, de David, así como de Samuel y de los profetas; que por fe conquistaron reinos, hicieron justicia, alcanzaron promesas, taparon bocas de leones, apagaron fuegos impetuosos, evitaron filo de espada, sacaron fuerzas de debilidad, se hicieron fuertes en batallas, pusieron en fuga ejércitos extranjeros. Las mujeres recibieron sus muertos mediante resurrección, mas otros fueron atormentados, no aceptando el rescate, a fin de obtener mejor resurrección. (He. 11:32-35)

13
Gedeón

El que hace pedazos

Y Gedeón dijo a Dios: Si has de salvar a Israel por mi mano, como has dicho, he aquí que yo pondré un vellón de lana en la era; y si el rocío estuviere en el vellón solamente, quedando seca toda la otra tierra, entonces entenderé que salvarás a Israel por mi mano, como lo has dicho. Y aconteció así, pues cuando se levantó de mañana, exprimió el vellón y sacó de él el rocío un tazón lleno de agua. (Jue. 6:36-38)

Uno de los dichos más famosos de Jesús es también uno de los más enigmáticos. Sus discípulos le habían pedido: "¡auméntanos la fe!" Escuche cuál fue la respuesta: "Si tuvierais fe como un grano de mostaza, podríais decir a este sicómoro: Desarráigate, y plántate en el mar; y os obedecería" (Lc. 17:6). Desde el día en que Jesús habló estas palabras, la gente se ha preguntado de qué estaba hablando exactamente. En otra ocasión dijo que la fe como una semilla de mostaza puede mover montañas. Los intérpretes ven los sicómoros y las montañas como metáforas para hablar de los grandes obstáculos que enfrentaremos en la vida cristiana.

Lo que me parece enigmático es el hecho de que nunca he visto ningún árbol ser arrancado de raíz por la fe, tampoco he conocido jamás a alguien que pueda ordenarle a una de las montañas de la Sierra Nevada (ni siquiera a una colina de Indiana) que se levante y se mueva. La enseñanza de Jesús no era darnos una alternativa que reemplace a los tractores removedores de tierra. En realidad, Jesús estaba asegurándonos que no se necesita mucha fe para complacerlo y hacer grandes obras para Él.

Gedeón descubrió que esto era verdad mucho antes de que Jesús caminara sobre la tierra. Nosotros lo recordamos como el hombre que tocó la trompeta de Dios y el hombre del vellón. En muchas maneras su fe fue como la de una semilla de mostaza. Gedeón se atemorizó ante la oposición, cuestionó a Dios cuando el Señor le dijo que hiciera algo, y además pidió una prueba tangible de la voluntad de Dios, antes de actuar. Gedeón altera nuestra visión de lo que significa caminar por fe al llevarla a nuestro nivel. Leyendo a través de la historia de su vida, la cual se encuentra en el libro de Jueces capítulos seis al ocho, me encuentro a mí mismo diciendo: "¡Vaya, él era como yo; él hizo esto también". Su ejemplo está muy lejos de ser perfecto. En Gedeón encontramos la respuesta a la pregunta de cuánta fe se necesita para que Dios nos use. Al parecer, solo necesitamos alrededor de una semilla de mostaza.

Dios le habló a Gedeón por primera vez durante un tiempo de desesperación en la historia de Israel. En el libro de Jueces, todas las veces eran un tiempo de desesperación. En los días antes de tener un rey, Israel pasó por un ciclo repetitivo. El pueblo se alejaba del Señor;

Dios enviaba juicio a través de una de las naciones de alrededor; los israelitas se volvían a Dios clamando ayuda y Dios les enviaba un libertador, un juez. Pocos años después de la muerte del libertador el ciclo se repetía. En esta ocasión en particular, las cosas estaban tan mal que los israelitas abandonaron sus casas y se escondieron en cuevas ante la opresión de los madianitas. Bandas de asaltantes invadían Israel en camellos, destruyendo las cosechas y esparciendo sus rebaños. Cuando el Ángel del Señor encontró a Gedeón, este estaba sacudiendo el trigo en el lagar para esconderlo de los madianitas.

Cuando el Ángel del Señor se apareció a Gedeón le dijo: "Jehová está contigo, varón esforzado y valiente" (Jue. 6:12).

"Si el Señor está con nosotros –respondió Gedeón–, ¿por qué nos ha acontecido todo esto? ¿Y dónde están todas sus maravillas, que nuestros padres nos han contado, diciendo: ¿No nos sacó Jehová de Egipto?" (véase el versículo 13).

La respuesta del Señor le cayó como un balde de agua fría: "Vé con esta tu fuerza, y salvarás a Israel de la mano de los madianitas. ¿No te envío yo?" (Jue. 6:14).

"¿Estás enviando a quien?... ¿ a mí?... ¿me estás hablando a mí? Oye... espera un minuto Dios, eh... ¿cómo puedo rescatar a Israel?... ¿qué no sabes quien soy? Mi familia es la más débil de todo Israel, y yo... yo soy el menor de mi familia. No, tú no me quieres a mí, ¿verdad?" Estas no fueron las palabras exactas de Gedeón, pero hubiesen sido las mías. Quizá tienes el número equivocado Dios. No era yo al que tú querías llamar, seguramente estabas tratando de llamar a otro. Tengo que admitir que yo me intimido con mucho menos de lo que se necesitó para asustar a Gedeón. Igual le pasa a la mayoría de la gente que conozco. Las palmas de nuestras manos comienzan a humedecerse y empezamos a sudar frío con solo pensar en ser maestro de una clase de niños de cuarto nivel en la Escuela Dominical. ¡Qué bueno que los madianitas no viven cerca de nosotros!

La reacción de Gedeón, y la nuestra, pudiera ser llamada una falta de fe, pero el resto de la historia revela que él no dudó de la habilidad de Dios para expulsar a los madianitas. Se preguntó por qué Dios lo habría escogido a él. ¿Qué tenía que ofrecerle a Dios? La mayoría de nosotros compartimos su aprensión. Sabemos que Dios puede hacer cualquier cosa y todo lo que Él se proponga hacer. Las historias que escuchamos donde Dios hace lo imposible no nos sorprenden. Sabemos que no hay nada que nuestro Dios no pueda hacer. Esto es, hasta que nos muestra el trabajo que quiere hacer con nosotros. De repente todo cambia. No es que ahora dudemos de Dios. Nos preguntamos por qué nos escogería. Por alguna razón tenemos un tiempo muy difícil viéndonos a nosotros mismos en las historias que escuchamos a otros contar de cómo Dios obra a través de los seres humanos para hacer lo milagroso. A Gedeón probablemente le encantaba la historia de Josué y la batalla de Jericó, pero él nunca imaginó que algún día estaría guiando al ejército de Israel a una batalla imposible. La fe no necesariamente significa saltar en seguida ante las oportunidades que Dios nos presenta. En lugar de esto, nos lleva a través de nuestras dudas y hace que nos aferremos a Dios como nuestra única esperanza de éxito.

Por lo general hacemos lo que Gedeón hizo: pedimos alguna prueba tangible del plan de Dios. Tres veces Gedeón pidió una señal de Dios, y tres veces Dios contestó. La primera señal llegó antes de su primera operación secreta. El Señor le instruyó a Gedeón que cortara el altar de Asera que su familia usaba para buscar favores de los dioses paganos de los cananitas. Esto sería comparable a un mormón tirando todo su material familiar de los Santos de los Últimos Días. Antes de responder, Gedeón pidió una señal. Sacó pan y carne y el Señor lo tocó y se consumió en fuego.

La segunda y la tercera señal vinieron juntas. Dios retó a Gedeón con una misión tan grande, tan imposible, que quería asegurarse dos veces antes de aceptar. A Gedeón se le instruyó que atacara las fuerzas combinadas de los madianitas, amalecitas y otros pueblos orientales, un ejército tan grande que parecían langostas en el valle de Jezreel. Todos los hombres de guerra de todas las tribus de Israel palidecían al compararse. Gedeón tocó su trompeta y llamó a las tribus de Manasés, Aser, Zabulón y Neftalí a las armas. Luego, antes de que marcharan a la batalla, se arrodilló con una simple petición a Dios: "Si has de salvar a Israel por mi mano, como has dicho, he aquí que yo pondré un vellón de lana en la era; y si el rocío estuviere en el vellón solo, quedando seca toda la otra tierra, entonces entenderé que salvarás a Israel por mi mano, como lo has dicho" (véase Jue. 6:36, 37). Al siguiente día, después de que Dios hizo lo que Gedeón había pedido, repitió su petición, solo que esta ocasión cambió el orden original pidiendo que el vellón se mantuviera seco mientras que la tierra estuviera empapada con rocío. Una vez más, Dios respondió.

Probar con vellones por doquier no es la mejor manera de discernir la voluntad de Dios. Gedeón ya tenía el plan de Dios para su vida. Las señales confirmaron lo que él ya sabía. Una vez que Gedeón estuvo seguro de que Dios lo estaba llamando para hacer algo, lo hizo con toda su fuerza. No conozco a muchas personas que estén dispuestas a tomar una posición tan poco popular como destruir al ídolo regional de la religión falsa dominante. Tampoco conozco a mucha gente que esté ansiosa de salir a la batalla con un ejército de trescientos hombres contra ciento veinte mil. El escritor de la carta a los hebreos pone a Gedeón junto con los otros héroes de la Biblia porque hizo estas dos cosas a pesar de su temor, a pesar de su incertidumbre acerca de sí mismo.

Todos nosotros queremos algún tipo de prueba de que la fe funciona antes de que estemos dispuestos a comprometernos con ella. Queremos escuchar los testimonios de otros, o queremos ver algún tipo de prueba tangible de la voluntad de Dios. Los problemas surgen cuando nos atoramos en el momento en que se nos da la señal. Cuando nunca tomamos el paso de fe y seguimos al Señor en obediencia. Gedeón pidió dos señales con vellones, pero luego salió a la guerra por Dios. Algunos de nosotros nos quedamos atorados con el vellón. Pedimos una señal a Dios, Él contesta; se la pedimos otra vez, Él contesta; se la pedimos otra vez... el problema que a menudo enfrentamos no es que necesitemos seguridad de la voluntad de Dios, sino nuestra falta de voluntad para hacer lo que Dios nos muestra que debemos hacer.

La necesidad de una prueba tangible de la voluntad de Dios llega a principios de nuestro peregrinaje de fe. Creemos pero sencillamente necesitamos un poco de ayuda de Dios para derrotar nuestra incredulidad. Nuestra fe debe crecer más allá de este punto. Con el tiempo debemos aprender a discernir la voluntad de Dios, y hacerla. Dios no siempre contesta nuestras peticiones de señales. La fe madura sigue adelante sin evidencia física de que Dios hará lo que prometió.

Poca gente en la Biblia peleó una batalla tan espectacular como en la que Gedeón guió a los ejércitos de Israel. Marchó hacia Jezreel con una fuerza de 32.000 guerreros. Antes de que llegaran al campamento madianita el Señor rebajó esa fuerza hasta dejarla en solo trescientos hombres. A medida que Dios le ordenó a Gedeón que redujera el número de hombres bajo sus ordenes, obedeció sin hacer preguntas ni pedir otra señal. Gedeón aún estaba espantado, aún se preguntaba cómo sería que trescientos hombres podrían derrotar a ciento veinte mil; pero a pesar de su temor y aprensión, obedeció. Dios le dio la victoria. La fe de Gedeón parece muy pequeña a simple vista. No había mucho que hacer. Pero eso era lo que Dios necesitaba para obrar a través de Gedeón para traerse gloria a sí mismo.

Usted no tiene que ser un gigante de la fe para serle útil al Señor. Tampoco necesita ser un audaz guerrero espiritual. Todo lo que usted necesita es la fe que cree que Dios puede hacer lo imposible y la disposición de dejarle a Dios que pruebe eso a través de usted. La fe del tamaño de una semilla de mostaza, eso es todo lo que necesitamos para ser usados por Dios.

¡Qué alivio, Señor! En verdad tú eras sincero cuando dijiste que solo necesitábamos la fe del tamaño de una semilla de mostaza. Te alabo, Padre, por tu gracia maravillosa. Gracias por no rechazarme durante mis tiempos de duda. Fortalece mi fe, y aléjame de pedirte señales, de modo que pueda avanzar hacia lo desconocido contigo. Amén.

14
Barac

Relámpago, la espada flameante del Señor

Entonces Débora dijo a Barac: Levántate, porque este es el día en que Jehová ha entregado a Sísara en tus manos. ¿No ha salido Jehová delante de ti? Y Barac descendió del monte de Tabor, y diez mil hombres en pos de él. Y Jehová quebrantó a Sísara, a todos sus carros y a todo su ejército, a filo de espada delante de Barac; y Sísara descendió del carro, y huyó a pie. (Jue. 4:14, 15)

Me encanta el significado del nombre de Barac. Relámpago. Alguien con un nombre como este debería estar en el programa de televisión "Gladiadores americanos" junto con personajes con nombres como Nitro y Zap. Tan solo su nombre nos dice que este es un personaje con el cual no quisieras jugar. El padre de Barac debió haber tenido grandes planes para su hijo como para ponerle el nombre de "la espada flameante del Señor". Este era una superestrella en crecimiento, un hombre nacido para ser un luchador. Barac honró su nombre; fue un poderoso guerrero para Dios. Con diez mil soldados guió un ataque contra las carrozas de hierro de Sísara, el general cananita. Conforme Barac avanzaba, el Señor derrotó y aplastó a los cananitas y el ejército entero de estos fue destruido. El relámpago de Dios no solo peleó en la batalla; sino que guió el ataque bajando el monte Tabor y persiguió a sus enemigos hasta que estuvieron totalmente aniquilados. Sus hazañas lo hicieron un antiguo Teddy Roosevelt o un general Patton de Israel, un gran líder militar que nunca se achicaba ante el peligro.

Parece extraño entonces encontrar a Barac en la sombra de otros, en particular a la sombra de dos mujeres. Él no guiaba a Israel; Dios le dio esa responsabilidad a Débora. Barac tampoco recibió la gloria de su más grande expedición militar. Jael, la esposa de Heber ceneo, dio el golpe decisivo matando al comandante del ejército opresor. Barac guió el ataque en contra del armamento militar supremo de aquellos tiempos y arriesgó su vida para liberar a Israel de los veinte años de opresión, pero alguien más recibió la gloria. Cuando vemos su nombre en el capítulo once de la carta a los hebreos nos preguntamos quién es él. Relámpago, la espada flameante del Señor, es algo más que una simple pregunta de conocimiento bíblico para la mayoría de nosotros. La gente que habita en las sombras tiende a ser olvidada.

Quizá esta es la razón por la que casi todos nosotros somos ignorados tan a menudo. Vivimos en las sombras. La vida no tiene espacio para muchas superestrellas. Nuestros empleos nos mezclan con el resto de nuestros compañeros de trabajo, y nos perdemos en la sombra del producto que nuestra fábrica produce o del portavoz de la empresa donde trabajamos. Vivimos en forma anónima en nuestras ciudades y vecindarios. A excepción de un pequeño grupo de familiares y amigos, nadie sabe quiénes somos. El presidente no se preocupa por visitarnos en nuestras casas para cenar cuando está en la ciudad. Aun en la iglesia la mayoría de nosotros no sobresalimos. Siempre hay alguien más visible, alguien que recibe el honor como si hubiera trabajado solo, aunque seamos una parte vital de su éxito. Vivimos nuestra vida perdidos en la muchedumbre, trabajando en las sombras de los demás.

Con franqueza, me encuentro a mí mismo resistiendo esto. Muy dentro, todos nosotros queremos ser reconocidos por lo que hacemos. Queremos que la gente nos tome en cuenta. Cuando yo tenía ocho años, jugué fútbol americano de liga menor por primera vez. Al final de la temporada nuestro entrenador nos pidió que votáramos por el jugador más valioso de nuestro equipo, así como también por el más importante jugador ofensivo y defensivo. El entrenador nos dio unas papeletas de votación y yo voté por el jugador que pensaba merecía cada premio... el cual, me da pena decirlo, era yo. Era un jugador ofensivo. Yo bloqueaba para que otros pudieran llegar con la pelota hacia la gloria, pero pensaba que merecía el mismo reconocimiento que el de nuestro mariscal de campo estrella. No hace falta ni decir que no gané ni un solo premio en esa, ni en otra temporada, pero anhelaba el reconocimiento. Todos lo hacemos.

La parte interesante de la historia de Barac es con toda sencillez habitaba entre las sombras. Después de que la batalla contra los cananitas fue ganada, Débora y Barac cantaron una canción de victoria la cual incluía estas líneas:

En los días de Samgar hijo de Anat,
En los días de Jael, quedaron abandonados los caminos,

Y los que andaban por las sendas se apartaban
Por senderos torcidos.
Las aldeas quedaron abandonadas en Israel,
habían decaído,
Hasta que yo Débora me levanté,
Me levanté como madre en Israel (Jue. 5:6, 7).

Este canto colocaba a Débora en la luz de los reflectores. Ella recibió el honor como la responsable de haber sacado a Israel de la oscuridad del juicio y de haberlo regresado al Señor. Barac nunca se quejó del papel de liderazgo de Débora o del crédito que ella recibió. Jael, otra mujer, mató a Sísara, el comandante cananita, pero solo después de que Barac había derrotado a su ejército. Jael fue alabada como la más bendita de las mujeres (Jue. 5:24). Nadie llamó a Barac el más bendito entre los hombres, aún a pesar de que fue el responsable de la victoria de Israel. Sin embargo, nunca se quejó. Nunca dijo acerca de Jael: "seguro, ella mató un hombre, pero yo derroté un ejército". No encontramos estas palabras saliendo de la boca de Barac. Felizmente aceptó su lugar en las sombras; dejó que otros se broncearan en la luz de la gloria que pudo haber sido suya. Barac perdió ese derecho cuando vaciló en guiar el ejército, como se le había pedido hacerlo (Jue. 4:8, 9), pero aceptó con humildad un lugar inferior.

Barac aprendió la lección que cada uno de nosotros necesita aprender. Existe una tremenda libertad y gozo que son el resultado de elegir con toda disposición el lugar inferior, escogiendo ser humildes. La humildad es más que un concepto espiritual. En un nivel práctico, la verdadera humildad significa trabajar muy duro en una tarea, sin recibir ningún reconocimiento personal y regocijándose. Significa vivir en la sombra de otros y no tener resentimientos hacia ellos por esto. La Biblia tiene un simple nombre para los que escogen la humildad: siervos. Los siervos, mejor conocidos como esclavos, eran una parte común de la vida diaria en el antiguo Medio Oriente. Nadie se tomó tiempo para alabarlos por su trabajo. Era esperado de los esclavos que hicieran todo lo que se les decía. Una vez que su trabajo estaba terminado, sus amos recibían la gloria. Las ciudades de Pitón y Ramesés en Egipto fueron construidas por esclavos hebreos, pero su construcción se le acredita al Faraón gobernante. No es justo, pero ese era el estilo de vida de los esclavos.

Como seguidores de Jesús, usted y yo somos llamados a tener la actitud de un siervo, la misma actitud que vemos en Jesús:

> *Haya, pues, en vosotros este sentir que hubo también en Cristo Jesús, el cual, siendo en forma de Dios, no estimó el ser igual a Dios como cosa a que aferrarse, sino que se despojó a sí mismo, tomando forma de siervo, hecho semejante a los hombres (Fil. 2:5-7).*

Estamos engañándonos a nosotros mismos si tratamos de limitar esta actitud a la parte "espiritual" de nuestra vida. El corazón de un siervo necesita fluir de nuestra vida a cada momento, ya sea que estemos en los límites seguros de nuestra iglesia o en el hostil mundo de los negocios. Los siervos, por definición, no codician la luz de los reflectores. No necesitan el reconocimiento de otros para continuar. Trabajan en las sombras, sabiendo que Dios reconoce lo que hacen.

La vida de Barac nos da la perfecta oportunidad para explorar la humildad. Nos muestra cómo funciona la humildad en el mundo real. Para un hombre de guerra, un general, debió haber sido difícil sentarse mientras que las multitudes alababan a otro por lo que él había hecho. Era difícil, pero Barac escogió hacer eso mismo. Aprendí esta lección en mi primera posición como miembro de la directiva de una iglesia. La Iglesia Bautista Hilltop me contrató para ser su hombre invisible... quiero decir, el ministro de educación. Nadie notaba el trabajo que hacía, pero sin embargo, sí se daban cuenta del trabajo que no hacía. Al principio esto me molestó. Quería un poco de reconocimiento por el trabajo que hacía. Pronto esto comenzó a corroerme y a envenenar mi actitud en el trabajo. Pero entonces el Señor enfocó mi atención en el pasaje de Filipenses al que hice referencia hace un momento. Con sutileza comenzó a hacerme ver cuán equivocado estaba. Entonces, por su gracia, me enseñó el gozo de trabajar en las sombras mientras que otros disfrutaban de la gloria.

A través de los años Dios ha tenido que repetir esta lección varias veces. Me alegro de que lo haya hecho. Tomar la actitud de siervo no es opcional para los seguidores de Jesucristo. El día que dijimos sí a Jesús, nos apuntamos en un equipo donde solo el capitán recibe la alabanza. Estamos trabajando para el Señor. Nuestra meta es glorificarle a Él. Al igual que Juan el Bautista, nuestro lema necesita ser: "Él debe crecer y yo menguar". Los cristianos deben ser espejos que reflejen la luz de la gloria de Dios para los hombres, y deben reflejar las alabanzas que los hombres nos dan hacia Dios. El Señor nos llama a perder nuestra vida en la sombra de la cruz. Al igual que Barac, nosotros peleamos batallas espirituales, y pasamos nuestra vida entera tratando de hacer que el reino de Dios crezca, pero alguien más recibe el honor. Es nuestro llamado; es el corazón de lo que somos.

Sin la actitud de siervo, todo lo que hacemos no vale nada. Déjeme repetir eso. Cuando codiciamos la adulación y el reconocimiento de otros, todos nuestros logros no significan nada en una escala eterna. Jesús advirtió a sus discípulos que cuando la gente trabaja por el aplauso, el aplauso será su única recompensa, sin importar lo espectacular que su trabajo pueda ser. Todo lo que es hecho por ambiciones egoístas no significa nada ante los ojos de Dios.

Barac, el hombre destinado para ser grande, es uno de los héroes menos conocidos encontrados en el capítulo once de Hebreos. Creo que el escritor lo escogió con un propósito definido. Su vida nos llama a convertirnos en lo que poca gente quisiera ser: siervos humildes laborando en las sombras de otros.

Hazme un siervo, Señor. Crucifica mi carne para que mi actitud refleje la actitud de tu Hijo cuando caminó sobre la tierra. Parte de mí codicia la atención, el reconocimiento por el trabajo que hago. Libérame para que pueda perder mi vida en el engrandecimiento de tu reino. Amén.

15

Sansón

Del Sol

Entonces clamó Sansón a Jehová, y dijo: Señor Jehová, acuérdate ahora de mí, y fortaléceme, te ruego, solamente esta vez, oh Dios, para que de una vez tome venganza de los filisteos por mis dos ojos. (Jue. 16:28)

Pocos lanzadores han llegado a la escena de las ligas mayores como lo hizo Steve Howe. El novato del año de 1980 con los Dodgers de Los Ángeles fue el lanzador relevista dominante en el béisbol a principios de la década de los ochenta. Howe tenía una bola rápida de 92 millas por hora y una actitud que nadie igualaba. Irreverente, orgulloso y talentoso; su futuro estaba asegurado. Fue un gran lanzador en un equipo conocido por producir hombres del Salón de la Fama como Sandy Koufax y Don Drysdale.

Steve Howe nunca será elegido para el Salón de la Fama. Todo su potencialidad se evaporó cuando surgieron sus problemas con la cocaína. Los Dodgers por fin se cansaron de él y lo corrieron, pero eso no terminó con su abuso químico. Por varios años varios equipos continuaron dándole oportunidades, pero la historia siempre terminaba de la misma manera: las drogas y el alcohol regresaron y su carrera desapareció. Tenía tanto talento, que pudo haber llegado a ser un Roy Hobbs de la vida real, un natural, uno de los más grandes en haber jugado béisbol, si tan solo se hubiese mantenido alejado de las cosas que destruyeron su vida. En el momento en que estoy escribiendo esto, Steve continúa tratando de mantenerse limpio y sobrio. Mi oración es que lo logre.

Los nombres son diferentes, sin embargo la historia es la misma para uno de los jueces más famosos de Israel. Sansón rebozaba de potencialidad. En una batalla, peleó con mil hombres y con una mano en la cintura los derrotó a todos. Con sus manos arrancó las puertas de la ciudad de Gaza y las llevó sobre sus hombros por una colina cuesta arriba. Dadas sus habilidades naturales y la unción especial que Dios había puesto sobre él, pudo haber sido el más grande líder-guerrero en la historia antigua de Israel. Pudo haberlo sido, pero no lo fue. Sansón, el hombre fuerte de Dios, un hombre cuyo nombre habla de la luz de reflector que Dios había puesto sobre él, tomó toda su potencialidad y él la echó a la basura. Pudo haberse convertido en un verdadero héroe de la fe y un ejemplo de la fidelidad si hubiese seguido el plan de Dios para su vida. En vez de esto, su vida sirve como advertencia de los peligros de malgastar los dones que el Señor pone en nuestra vida.

Quiero animarle estimado lector a que tome algunos momentos para ir al libro de Jueces y lea la historia de la vida de Sansón. Usted puede encontrarla del capítulo trece al dieciséis. Su nacimiento fue anunciado por el Ángel del Señor. Dios había dicho con claridad que este no era un niño común y corriente. Desde el día de su nacimiento Sansón debía ser un nazareo, alguien apartado para Dios y sus propósitos. Eso significaba que no podía tomar vino, comer nada impuro o cortar su cabello. Los padres de Sansón buscaron la guía del Señor en cuanto a cómo debían educar a este niño. El capítulo trece de Jueces nos da la idea que ellos eran fieles siervos del Señor. El Espíritu Santo descansó sobre Sansón aun cuando fue un niño. Dios lo bendijo y le movió a salir y liberar a Israel. Basados solo en lo que leemos acerca de su nacimiento e infancia, esperaríamos grandes cosas de Sansón.

Al parecer Sansón nunca tomó sus votos nazareos en serio, o a Dios en serio. El enojo y su apetito sexual gobernaron su vida. Antes de que su vida terminara violó cada una de las instrucciones que Dios le había dado a sus padres acerca de su voto nazareo. Más que todo, existe una completa falta de carácter piadoso en Sansón. Dios lo usó para derrotar a los Filisteos, y lo hizo a pesar del carácter de Sansón, y no debido a ello. Dios usó el mal temperamento de Sansón para destruir a los filisteos, pero eso no significa que el Señor aprobara su carácter. Sansón fue un hombre de gran fuerza y habilidades admirables, sin embargo, estas nunca estuvieron combinadas con fe. Solo después de que Dios le había quitado todo lo demás, fue que Sansón se volvió a Dios. Pero para entonces ya era demasiado tarde. Todo lo que pudo haber sido, el gran efecto que pudo haber tenido en la historia de Israel, todo se había perdido.

Cada vez que leo la historia de la vida de Sansón me encuentro a mí mismo diciendo: "¡que desperdicio!" A los niños pequeños les encanta leer acerca de su fuerza, pero ningún padre quiere que su hijo crezca para ser como él. Sansón tenía todo lo que pudo necesitar. Como resultado nunca buscó al Señor, nunca pensó que fuera necesario.

El libro de Jueces registra dos de sus oraciones, de las cuales ninguna refleja una profunda devoción al Señor. La primera oración registrada fue después de que ganó una gran batalla sobre los filisteos con la quijada de un asno. Después de la batalla tuvo mucha sed. Escuche su oración: "Tú has dado esta grande salvación por mano de tu siervo; ¿y moriré yo ahora de sed, y caeré en mano de los incircuncisos?" (Jue. 15:18). No importa cuánto intente, es difícil encontrarle una forma a esta oración que la hiciera parecer una oración de corazón, de un hombre que conocía al Señor en forma íntima. Su segunda oración registrada llegó al final de su vida. Varios meses después de que le sacaron los ojos, los filisteos lo llevaron al templo de Dagón, donde celebraban la victoria que su dios les había dado. Tres mil hombres y mujeres estaban en la azotea viendo actuar a Sansón. Ellos habían alabado a Dagón, diciendo: "nuestro dios ha entregado a nuestro enemigo en nuestras manos, y al destruidor de nuestra tierra, el cual había dado muerte a muchos de nosotros". Cuando Sansón clamó al Señor, no le pidió que el nombre del Señor fuera vengado sobre el dios de los filisteos. En su lugar pidió venganza por sus ojos. Esto fue tan humilde como Sansón podía ser. Dios le dio la fuerza para derribar el templo y por lo tanto matar a todos los adoradores paganos del templo de Dagón.

La tragedia de la vida de Sansón es lo que pudo haber sido. ¿Puede usted imaginarse cómo hubiese sido su vida si sus habilidades naturales hubiesen sido combinadas con la pasión por Dios que luego tuvo David? ¡Qué diferente hubiese sido la vida de Israel durante este tiempo si Sansón hubiese adoptado la postura que años después tuvo Samuel en cuanto a la Ley de Dios! La vida de Sansón está repleta de "hubieses" y "debió haber"; una potencialidad desperdiciada.

Necesitamos escuchar con detalle la historia de Sansón porque tenemos mucho en común con él. Nosotros, al igual que Sansón, tenemos todo lo que podemos necesitar. Pueden llegar tiempos donde tendremos que depender de Dios para todo y si Dios no responde no sobreviviremos, pero la mayoría de nosotros vivimos en una comodidad relativa. Nuestra prosperidad nos lleva a una fe anémica. Dios se convierte en el Dios de las necesidades, llenando solo los espacios que nuestros bienes materiales no pueden proveer. En lugar de ser nuestro todo en todos, nuestra fuerza y nuestro escudo, Dios se convierte en un pensamiento pasajero, alguien al que acudimos en los tiempos de crisis. Sansón con desesperación buscó al Señor cuando tuvo sed, pero cuando el agua fluía su fe se desvanecía. Cuando nuestras crisis terminan, también tenemos la tendencia de regresar a nuestros viejos modos de vida hasta que la siguiente crisis azota.

Juntos también compartimos la gran potencialidad de Sansón. ¿Puede usted imaginarse el efecto que la iglesia podría tener en nuestro mundo si los que conocemos al Señor diéramos todo para el reino de Dios? Las posibilidades son infinitas. Solo piense en lo rápido que el evangelio se esparciría alrededor del mundo si cada creyente de Jesucristo se comprometiera a sí mismo a alcanzar a una persona con el evangelio cada año. En lugar de esto, la iglesia está en decadencia. El crecimiento viene a medida que la gente vaga de iglesia en iglesia; muy pocos adultos inconversos son alcanzados. Al igual que Sansón, los creyentes tienen la potencialidad de transformar en forma radical a nuestro mundo pero como Sansón, esa potencialidad se escapa sin ser aprovechada. Los capítulos en el libro de Jueces inmediatamente después de la historia de Sansón describen la vida en Israel durante ese período. Tenga cuidado con dejar que sus hijos lean estas historias, porque estas historias son más gráficas que el noticiero nocturno. ¿Por qué estaba Israel en tales aprietos? Parte del problema vino de su ciclo de devoción estilo yoyo hacia Dios. Creo que el escritor del libro de Jueces acomodó los capítulos de esta manera para mostrarnos que mala puede volverse una nación cuando sus líderes espirituales no toman a Dios en serio.

Por último, esta trágica historia suena como una advertencia que debemos escuchar. El escritor de la carta a los hebreos incluye el nombre de Sansón porque en verdad actuó en fe... cuando perdió todo lo demás. Cuando su fuerza se había ido y sus ojos habían sido sacados, cuando ya no era el héroe de Israel ya más sino el hazme reír de los filisteos, fue entonces y solo entonces cuando clamó: "Oh soberano Señor..." El escritor agrupa a Sansón con otros "cuya debilidad fue convertida en fuerza". La tragedia de su vida es que su gran fuerza tenía que ser convertida en debilidad antes de que Dios pudiera convertir su debilidad en fuerza.

No caiga en la trampa de Sansón. Esto podría sonar como una invitación a los no creyentes a volverse a Dios antes de que sus vidas lleguen al fondo, pero sé que la mayoría de mis lectores ya son creyentes. Nosotros somos los que debemos poner atención de caminar por fe en forma continua, buscar al Señor y depender de Él. Sansón no hizo esto. Varias veces las Escrituras dicen que el Espíritu del Señor vino sobre Sansón con poder, pero nunca encontramos a Sansón buscando al Señor con todo su corazón. Dios, por su misericordia quitó todos los elementos falsos que Sansón utilizó para enfrentar su vida, y al fin hizo se volviera al Único que siempre lo buscó a él. Podemos evitar este doloroso proceso al quitar por nuestra voluntad todos los elementos falsos, y buscar a Dios ahora. La historia de Sansón pudo haber tenido un final feliz, pero fue demasiado tarde para él. No repitamos el mismo error.

Señor, líbrame de repetir el trágico error de Sansón. Une mi corazón al tuyo. Padre, preferiría no tener nada en este mundo y depender de ti, que tener todo lo que mi corazón desea sin tenerte a ti. Toma mi vida y cultiva la potencialidad que has puesto en mi para tu gloria. Amén.

16
Jefté

Él abrirá

Y el Espíritu de Jehová vino sobre Jefté; y pasó por Galaad y Manasés, y de allí pasó a Mizpa de Galaad, y de Mizpa de Galaad pasó a los hijos de Amón. Y Jefté hizo voto a Jehová, diciendo: Si entregares a los amonitas en mis manos, cualquiera que saliere de las puertas de mi casa a recibirme, cuando regrese victorioso de los amonitas, será de Jehová, y lo ofreceré en holocausto. (Jue. 11:29-31)

Podemos aprender de todo en la Biblia. Cada historia, cada ley, cada salmo, cada promesa, cada proverbio, todo ello viene a nosotros como un regalo de nuestro Señor para que podamos conocerle y caminemos con Él. Proverbios, Santiago y Filipenses son fáciles de leer y fáciles de aplicar a nuestra vida. Varias de las secciones históricas nos inspiran. Las historias de Daniel en el foso de los leones, o Sadrac, Mesac y Abednego en el fiero horno llenan nuestros corazones con la disposición para tomar una postura valiente por el Señor. Crecemos al leer esas historias una y otra vez hasta que nos aprendemos cada detalle de memoria.

Pero la mayoría de nosotros no conocemos los detalles de la vida de Jefté, aún y cuando su nombre aparece en la lista de los grandes héroes de la fe en el capítulo once de Hebreos. Una vez que leemos los relatos de su vida encontrados en los capítulos once y doce del libro de Jueces entendemos el por qué no es muy bien conocido. Su vida nos deja perplejos. No estamos seguros por completo de cómo tomarlo. En el día en que sale por fe en contra de probabilidades imposibles, también hace un voto increíblemente tonto, que nos hace preguntarnos si es que en realidad sabía algo acerca de Dios. Audaz, tonto, lleno de fe, lleno de incoherencia, Jefté es difícil de entender, un personaje fascinante.

Antes de que nos adentremos en la historia de la vida de Jefté, necesito recordarle que la Biblia reporta la vida de personajes bíblicos sin patrocinar todo lo que hicieron. Cuando las Escrituras nos dicen que hombres como David y Salomón tuvieron muchas esposas, el Señor no nos está diciendo que vayamos y hagamos lo mismo. La gente en la Biblia es gente justa, seres humanos caídos. El Espíritu Santo presenta una imagen realista de ellos con todo, verrugas inclusive. La Palabra de Dios nos cuenta las historias verdaderas de gente verdadera, no cuentos de hadas acerca de héroes más grandes que la vida.

Jefté vivió en un período entre Josué y Samuel, el tiempo de los jueces. Su padre fue Gilead, un miembro respetado de la tribu de Manasés, pero su madre fue una prostituta. Los otros hijos de Gilead alejaron a Jefté de las tierras de la familia convirtiéndolo en un forajido, un guerrero andante con su banda de hombres de guerra. En los inicios de su vida las tribus de Israel se alejaron del Señor... una vez más. Imitaron a las naciones de los alrededores y adoptaron la adoración a Baal como lo habían hecho antes una y otra vez. De la misma manera que lo había hecho antes, Dios los castigó a través de uno de sus vecinos hasta que regresaron a Él. Por dieciocho años los amonitas oprimieron a los israelitas en el lado este del Jordán. Cuando los amonitas enfocaron su atención hacia el oeste y comenzaron a atacar a las tribus de Efraín, Judá y Benjamín, entonces regresaron al Señor. Clamaron pidiendo perdón y comenzaron a buscar a un libertador. Dios levantó al forajido al cual habían hecho a un lado.

Los hijos de Gilead le dijeron a Jefté que no servía para nada, que no merecía vivir entre ellos. Pocos años después Dios lo usó para liberar a la nación entera. El Señor abrió todas las puertas que otras personas habían cerrado y levantó a otro héroe improbable. A mí me gusta esta parte de la historia. Nos inspira a todos los que se nos ha dicho que no servimos para nada. Dios ignora las evaluaciones de otra gente con respecto a nuestro valor. Él ve más allá de nuestras habilidades, inhabilidades, fracasos pasados e historias familiares menos que perfectas, para ver la potencialidad que Él puso dentro de nosotros cuando nos hizo. La imagen puede significarlo todo en la avenida Madison, pero no significa nada para nuestro Señor. Los hijos de prostitutas, forajidos y aquellos a quienes la sociedad mira de sus narices para abajo, son los mismos que Dios se deleita en usar para hacer sus más grandes obras. No necesitamos un curriculum impresionante; todo lo que necesitamos es fe en Dios.

El escritor a los Hebreos incluyó a Jefté en el salón de la fama de la fe por una buena razón. Jefté tomó una postura atrevida por el Señor en una hora cuando todos los demás se acobardaban, sentían temor. Poner la reputación del Señor en una situación comprometedora entre las naciones no era una opción para él. Después de dieciocho años de oprimir a los israelitas, el rey de los amonitas por fin le dio a Israel sus propuestas para la paz. El rey retiraría todos sus ejércitos a cambio del regreso de todo el territorio de Israel en el lado este del río Jordán, tierra ocupada por las tribus de Rubén, Gad y Manasés. Escuche la respuesta de Jefté:

> *Así que, lo que Jehová Dios de Israel desposeyó al amorreo delante de su pueblo Israel, ¿pretendes tú apoderarte de él? Lo que te hiciere poseer Quemos tu dios, ¿no lo poseerías tú? Así, todo lo que desposeyó Jehová nuestro Dios delante de nosotros, nosotros lo poseeremos (Jue. 11:23, 24).*

En otras palabras, Jefté declaró: "El Señor Dios nos dio esta tierra y no la devolvemos". El territorio que Israel poseía era más que simples colinas y valles; más que tierra, era la herencia del Señor. Su presencia en esta región era un testimonio del poder del Dios de Abraham, Isaac y Jacob. Dios les había prometido la tierra a ellos cientos de años antes; luego declaró que solo sería Dios al cumplir con su promesa. Por fe Jefté le dijo a los amonitas: "No cederemos. Dios nos dio esta tierra. Él no nos abandonará ahora". Entendió que las batallas que Israel peleó contra sus enemigos fueron en realidad encuentros entre los dioses rivales y el único y verdadero Dios. Israel triunfaría porque su Dios era real.

La postura de Jefté ilustra la definición de fe que encontramos al inicio de Hebreos 11. Tenía certeza de lo que esperaba, estaba convencido de lo que no veía. Dieciocho años de opresión es seguro que no reafirmaban la confianza de nadie de que el Señor estaba en el control de la situación. Sin embargo, Jefté sabía que sí lo estaba. Sabía que el Dios que conquistó a Egipto, partió el Mar Rojo y le dio a Israel la tierra de Canaán, no les daría ahora la espalda.

Hemos escuchado este tema una y otra vez en las vidas de los que son presentados en el quinto capítulo de este libro. Sin fe es imposible agradar a Dios, mientras que con fe Dios hace lo imposible por medio de los que le agradan. Por fe Jefté conquistó a los amonitas; por fe Rahab escondió a los espías; por fe los padres de Moisés lo pusieron en una canasta flotante; por fe Noé construyó el arca, por fe, por fe, por fe. Estas palabras son usadas una y otra vez con la esperanza de que esta verdad penetrará por fin nuestros gruesos cráneos. Si somos serios acerca de lo que llamamos cristianismo, debemos aprender a vivir por fe. Las pruebas obstruyen nuestra visión y perseveramos en medio de ellas por fe. Dios nos da un trabajo que hacer, y por fe seremos capaces de completarlo. La vida se vuelve un largo y difícil ejercicio de resistencia, pero por fe lo pasamos con gozo. Nuestros propios amonitas personales tratan de hacer que nuestra vida sea desdichadas, pero por fe nos aferramos a Cristo, porque sabemos que Él nunca nos abandonará. Por fe perseveramos, por fe triunfamos, por fe vivimos de manera victoriosa.

Si dependiera de mí, la historia de Jefté terminaría ahí. Por fe conquistó a los amonitas, luego regresó a casa para guiar a Israel hacia un caminar más cercano con Dios. Todos vivirían felices para siempre y punto. Pero por alguna extraña razón Dios no me dejó el final de la historia a mí. Dios se aseguró que todos los detalles se escribieran, incluyendo un episodio que yo preferiría ignorar. Poco tiempo después de haber enfrentado a los amonitas en batalla, Jefté hizo un voto a Dios: "Si entregares a los amonitas en mis manos, cualquiera que saliere de las puertas de mi casa a recibirme, cuando regrese victorioso de los amonitas, será de Jehová, y lo ofreceré en holocausto" (Jue. 11:30, 31). No estoy seguro de qué era lo que Jefté esperaba que saliera de las puertas de su casa. Quizá la familia de chivos por lo general le salía al encuentro para saludarlo como si fueran perritos. Lo que fuera que esperaba, cuando regresó a casa lo primero que salió de la entrada principal fue su hija, su única. Las Escrituras dan a entender que Jefté cumplió con su voto y ofreció a su hija como holocausto.

Algunos comentaristas tratan de hacer esta historia más digerible diciendo que él dio a su hija al Señor dedicándola para servir en el tabernáculo de reunión, en lugar de quitarle la vida, que ella nunca contrajo matrimonio. Sin embargo, toda la evidencia apunta a un cumplimiento literal del voto. Jefté la ofreció como un holocausto. El pensamiento es repulsivo, pero verdadero.

¿Honró Dios el voto de Jefté y aprobó el sacrificio humano? Por supuesto que no. Jefté no necesitaba hacer una promesa loca en la víspera de la batalla para asegurarse el favor de Dios. Todo lo que necesitaba era tener fe. No necesitaba agregar nada más. Al parecer, su entendimiento de quién es Dios y lo que requiere estaba incompleto. Su juramento refleja un punto de vista supersticioso de Dios, más cercano a la teología de las naciones paganas que de la ley de Moisés. Si hubiese conocido la ley, hubiese también sabido que podía ofrecer un pago de rescate para redimir la vida de su hija. El capítulo veintisiete del libro de Levítico dice que una mujer adulta dedicada al Señor por un voto podía ser redimida por treinta talentos de plata. Si ella tuviera entre cinco y veinte años de edad (la edad probable de esta joven, puesto que era soltera), el precio de la redención era tan solo diez talentos de plata. Toda la evidencia apunta a que Jefté nunca consideró esto como una opción. O no conocía la ley, o su orgullo le evitó retractarse de su palabra. Al final su gran victoria se convirtió en una gran tristeza a manera que su única hija moría como resultado del voto innecesario que hizo.

¿Cómo pudo Dios haber usado a un hombre como este? ¿Por qué motivo estaría considerado como uno de los grandes héroes de la fe al lado de hombres como Moisés y Abraham? Con toda honestidad tengo que admitir que yo mismo me lo pregunto. Quizá parte de la razón por la que Dios incluyó la historia de Jefté sea para recordarnos que Dios usa a gente imperfecta. Sé que esto suena como una frase que se queda corta (y lo es), pero no sé de qué otra manera lo puedo poner. Dios obra a través de la gente que tiene defectos obvios en su carácter. No sé cómo o por qué el justo y santo Señor usaría a un hombre como Jefté, pero tampoco sé cómo o por qué Dios usó a un hombre como Moisés, un hombre que en secreto mató otro hombre. No sé cómo o por qué Dios usaría a un hombre como Abraham quien tenía una tendencia a distorsionar la verdad para lograr alguna ventaja. Tampoco sé cómo o por qué Dios usaría a un hombre como Salomón con sus mil esposas. Para ser bastante honestos, no sé cómo o por qué usaría Dios a un hombre como yo... o a una persona como usted. Si el Señor pidiera perfección, ninguno de nosotros tendría una oportunidad.

La imperfección es una cosa, pero ofrecer a tu hijo como sacrificio... vamos, ninguno de nosotros haría algo así. Estoy seguro de que esto es cierto. Nadie en sus cinco sentidos sacrificaría a su hijo, pero ¿cuántos de nosotros no sacrificamos lo mismo en el altar del éxito? El acto de Jefté puede ser atroz para nuestros ojos, pero mucho de lo que hacemos es también repulsivo ante Dios. Solo porque Dios bendice su vida o lo usa de alguna manera para su reino, no significa que Dios aprueba todo lo que hace. Martín Lutero sobresale como un héroe para muchos de nosotros. Admiramos su atrevida postura de fe. Sus palabras todavía suenan en nuestros oídos: "aquí estoy, no puedo hacer más..." Inspira sobrecogimiento, no hay otra palabra para él. Pero el mismo hombre que fue la bujía de la Reforma Protestante también fue un antisemitista. El mismo hombre que dijo: "aquí estoy", también dijo que los judíos eran sabandijas flojas en la sociedad. ¿Quiere esto decir que porque Dios hizo tanto a través de la vida de Lutero significa que el Señor odia a los judíos también? Toda la historia de las Escrituras dicen lo contrario.

El éxito, en particular el éxito espiritual, tiene una manera de cegarnos a nuestros defectos. Dios puede usarlo a usted para guiar a sus vecinos a Cristo, pero eso no significa que ha decidido ignorar el pecado secreto que guarda muy adentro. El hecho de que Dios nos use a usted y a mi no significa que Dios patrocina todo lo que hacemos. Me doy cuenta de que esta verdad es humillante y aterradora. El final trágico de Jefté nos recuerda que debemos medirnos constantemente con el estándar de las Escrituras y luchar para caminar en humildad con nuestro Dios.

Señor, abre mis ojos para ver los pecados secretos que guardo muy en el fondo, los pecados que yo pienso que tú no notas puesto que continúas bendiciéndome.

El voto de Jefté me sorprende y me disgusta; no quiero pensar acerca de cuánto me parezco a él. Libérame de mis pecados secretos; libérame de mi simplicidad. Quiero caminar en humildad y santidad ante ti. Amén.

17
David

Favorito, amado

Quitado éste [Saúl], les levantó por rey a David, de quien dio también testimonio diciendo: He hallado a David hijo de Isaí, varón conforme a mi corazón, quien hará todo lo que yo quiero. (Hch. 13:22)

Estoy teniendo problemas intentando escribir este capítulo. Trata con mi pecado, un tema que preferiría ignorar. Incluso esa última frase no suena del todo bien. Desearía que pudiera ignorar el pecado y no tener nada que ver con ello, de la misma manera en que ignoro la basura del bote de la cocina cuando está a reventar. Pero no lo hago. Me gusta pecar demasiado. La palabra pecado lleva demasiado equipaje, todo ello malo y negativo. Prefiero hablar de mis debilidades o de mis defectos. En lugar de pensar en mí mismo como un pecador, me gusta categorizarme a mí mismo como alguien quien es menos que perfecto pero que está luchando para dar el máximo. Eso suena mejor. Me da un aire de respeto, como si mis fallas ocasionales no fueran mi culpa.

Pero no siempre lucho por dar lo mejor de mí, y mis fallas son más que lapsos temporales de imperfección. Son pecado. No solo pecado en un sentido general, sino actos específicos que sé que están mal. Trato de ignorarlos o de aminorar su seriedad y hago un buen trabajo. Es decir, tengo éxito hasta que comienzo a estudiar la vida de un hombre como David. David fue un hombre conforme al propio corazón de Dios, sin embargo cometió actos horribles que merecían la muerte. Dios no lo abandonó, tampoco ignoró lo que había hecho. La historia de David hace que todos mis juegos con Dios con respecto a mi pecado se desplomen a mi alrededor, puesto que no puedo hablar de fe y de perdón sin luchar con la manera en la que Dios ve mi pecado. Eso es lo que hace este capítulo tan incómodo de escribir, pero tan necesario.

Usar el término " héroe" para describir a David es algo que se queda corto. El escritor de la carta a los hebreos lo coloca en la lista de aquellos de los cuales no tiene espacio para escribir, y por buena razón. Al igual que Moisés en la primera mitad, David domina la segunda parte de la historia del Antiguo Testamento. Sus hazañas llenan los libros de primero y segundo Samuel, y las canciones que escribió pueden encontrarse en el libro de los Salmos. Todos los reyes de Judá y de Israel fueron medidos bajo el estándar que David estableció durante su reinado de cuarenta y cinco años. Pensamos en David como un mata gigantes, el hombre que unió a Israel e introdujo una era dorada. Su nombre describe su carácter, puesto que en realidad era el favorito de Dios, un hombre conforme al corazón del Señor.

Nada de esto pudo evitar el trágico suceso de los eventos registrados en 2 Samuel 11:2-4, 27:

Y sucedió que un día, al caer la tarde, que se levantó David de su lecho y se paseaba sobre el terrado de la casa real; y vio desde el terrado a una mujer que se estaba bañando, la cual era muy hermosa. Envió David a preguntar por aquella mujer, y le dijeron: Aquella es Betsabé hija de Eliam, mujer de Urías heteo. Y envió David mensajeros, y la tomó; y vino a él, y él durmió con ella. Luego ella se purificó de su inmundicia, y se volvió a su casa (...) Y pasado el luto, envió David y la trajo a su casa; y fue ella su mujer, y le dio a luz un hijo. Mas esto que David había hecho, fue desagradable ante los ojos de Jehová.

David, el hombre conforme al corazón del mismo Dios, cedió a la tentación e hizo lo impensable. Mandó a buscar a la mujer de otro hombre y durmió con ella. Cuando ella descubrió que estaba embarazada, David intentó cubrir sus huellas mandando a su esposo, uno de sus soldados, a las líneas frontales de batalla donde murió; luego se casó con Betsabé. El héroe del Antiguo Testamento, el poeta cuyas oraciones llenan el libro de Salmos, cometió adulterio y asesinato. Decir que cayó en pecado se queda corto por mucho. De acuerdo a la ley de Moisés, ambos actos eran castigados con la muerte. No solo David los cometió, sino que lo hizo con relativa facilidad.

Cerca de un año después, el profeta Natán vino a David con una historia:

Había dos hombres en una ciudad, el uno rico, y el otro pobre. El rico tenía numerosas ovejas y vacas; pero el pobre no tenía más que una

> *sola corderita, que él había comprado y criado, y que había crecido con él y con sus hijos juntamente, comiendo de su bocado y bebiendo de su vaso, y durmiendo en su seno; y la tenía como a una hija. Y vino uno de camino al hombre rico; y éste no quiso tomar de sus ovejas y de sus vacas, para guisar para el caminante que había venido a él, sino que tomó la oveja de aquel hombre pobre, y la preparó para aquel que había venido a él (2 S. 12:1-4).*

Cuando David escuchó la historia, gritó pidiendo justicia, insistía en que el hombre culpable debía morir... hasta que Natán le dijo: "¡Tú eres aquel hombre!" (v. 7). En un grado pequeño, David sintió lo que Dios sintió cuando David había pecado. Sin embargo, el enojo del Señor y su desilusión fueron magnificados porque conocía y amaba ambas partes. Su enojo quemaba en contra del hombre que había robado la mujer de otro hombre; su corazón se rompió de tan solo pensar que alguien a quien amaba podría cometer tal acto.

Escuche a las palabras de Natán a David a manera que hablaba por el Señor:

> *Yo te ungí por rey sobre Israel, y te libré de la mano de Saúl, y te di la casa de tu señor, y las mujeres de tu señor en tu seno; además te di la casa de Israel y de Judá; y si esto fuera poco, te habría añadido mucho más. ¿Por qué, pues, tuviste en poco la palabra de Jehová, haciendo lo malo delante de sus ojos? (2 S. 12:7-9).*

¿Puede usted sentir la emoción en las palabras del Señor? "Te di todo –dijo–. ¿Es así como me pagas por mi bondad?" Los profetas del Antiguo Testamento usaban la analogía de un esposo cuya esposa lo deja para convertirse en una prostituta para describir lo que pasa cuando el pueblo de Dios peca contra Dios. Esa fotografía hablada captura la mezcla de un corazón roto y el enojo que Dios sintió cuando David mató al esposo de Betsabé, y lo que Dios siente cada vez que usted y yo nos alejamos de Él.

Su pecado y el mío pueden no ser tan "grandes" como el de David, pero la reacción de Dios es la misma. Sí, el pecado lo hace enojar, pero es un enojo lleno de tristeza y de dolor. Dios lo ama a usted y a mí tanto que sacrificó a su Hijo para que nosotros pudiéramos conocerlo de forma personal. Como si eso no fuera suficiente, Dios nos da su Espíritu para que nunca estemos apartados de Él. Cuando de manera voluntaria pecamos, estamos tomando todo lo que Dios hizo por nosotros y lo aplastamos con nuestros pies. En efecto, miramos a la cruz y decimos: "No es nada grave. Dios tiene que perdonarme; ese es su trabajo". Dios no tiene una jerarquía de vicios. Cada acto de desobediencia personal ofende a nuestro Dios. Cada uno de ellos. Con nuestras acciones insultamos al Señor y manchamos su reputación en el mundo.

Lo que le dio a David una posición especial, lo que lo hizo un héroe, fue la manera en que trató con su pecado cuando se daba cuenta de lo que había hecho. Segundo de Samuel 12:13 registra su respuesta cuando le confesó a Natán: "Pe qué contra Jehová". Escuche al clamor de misericordia que brota en el salmo que él compuso para la ocasión:

Ten piedad de mí, oh Dios (...)
Contra ti, contra ti solo he pecado,

Y he hecho lo malo delante de tus ojos,
Para que seas reconocido justo en tu palabra,
Y tenido por puro en tu juicio (...)
Esconde tu rostro de mis pecados,
Y borra todas mis maldades.
Crea en mí, oh Dios, un corazón limpio,
Y renueva un espíritu recto dentro de mí.
No me eches de delante de ti,
Y no quites de mí tu santo Espíritu.
Vuélveme el gozo de tu salvación,
Y espíritu noble me sustente (...)
Porque no quieres sacrificio, que yo lo daría;
No quieres holocausto.
Los sacrificios de Dios son el espíritu quebrantado;
Al corazón contrito y humillado no despreciarás tú, oh Dios.
(Sal. 51:1, 4, 9-12, 16-17)

Algunas veces tenemos la idea de que encontrar el perdón es tan simple como recitar 1 Juan 1:9: "Si confesamos nuestros pecados, él es fiel y justo para perdonar nuestros pecados, y limpiarnos de toda maldad". Confiesa, arrepiéntete, recibe; uno, dos, tres; y que la vida siga. Las palabras de David del Salmo 51 no suenan como una fórmula. David clamó pidiendo misericordia; le pidió a Dios que purificara su corazón. Sus palabras nos muestran la verdadera naturaleza de la confesión cuando clamó: "contra ti, contra ti he pecado". La oración de David reflejaba a un hombre quebrantado en realidad por su pecado. David encontró perdón, pero ni siquiera lo buscó sino hasta que sus ojos fueron abiertos para ver su pecado desde la perspectiva de Dios.

No queremos luchar con nuestro pecado. El perdón,

las segundas oportunidades, son regalos de Dios. Es verdad. Pero en cierto sentido el precio es muy pesado, y el verdadero arrepentimiento nunca viene sin un profundo quebrantamiento. El arrepentimiento comienza con la actitud que nos hace entender que no merecemos ser perdonados. Esta es nuestra piedra de tropiezo. Estamos tan familiarizados con la cruz y todo este asunto del perdón que de alguna forma hemos concluido que lo merecemos. Nadie que crea merecer una segunda oportunidad estará lo bastante quebrantado para buscarlo.

La historia de David tiene un final feliz. Dios escuchó su oración y perdonó su pecado. Dentro del perdón de Dios, David se dio cuenta de que el Señor todavía tenía un plan para su vida. Se mantuvo siendo el rey de Israel, dedicando sus últimos años a preparar el camino para que el heredero de su trono construyera el templo del Señor en Jerusalén. David no dejó a Dios, ni tampoco, demostrando su gran misericordia, Dios dejó a David. El momento más oscuro de David no deshizo todo lo que Dios había logrado a través de él en el pasado, tampoco dañó de manera permanente su relación con el Señor.

Sin embargo, el juicio que Dios pronunció sobre las acciones de David se hizo realidad. El hijo concebido en la noche de pasión de David y Betsabé murió. Aún más: la tragedia azotó a la familia real cuando el hijo de David, Amón, violó a su media hermana Tamar, y cuando más tarde Amón fue asesinado por otro de los hijos de David, Absalón. A manera que el tiempo pasó, Absalón derrocó a su padre y tomó el trono de Israel, forzando a David a huir por su vida. Joab, el comandante en jefe del ejército de David, desafió las ordenes de su rey y mató a Absalón, restaurando el reino a David.

Todos estos eventos fueron iniciados por el mismo David en la noche que descubrió a Betsabé desde su balcón.

El perdón de Dios no coloca un toldo sobre nuestras cabezas, protegiéndonos de las consecuencias de nuestras acciones. David cosechó un amargo fruto como resultado directo de las cosas que hizo con Betsabé. Aún a pesar de que se arrepintió y encontró perdón, aquellas consecuencias sucedieron. Lo que pone a David en otro nivel es que aceptó el juicio de Dios como justo. No se quejó con Dios o le acusó de ser injusto. Cuando las pruebas llegaron como resultado de sus decisiones pecaminosas, las aceptó y siguió aferrándose al Señor. Mientras escapaba de Jerusalén, un hombre llamado Simei le lanzó rocas a David, gritando groserías hacia él. En lugar de permitir que los generales atacaran a Simei, David les dijo: "Si él así maldice, es porque Jehová le ha dicho que maldiga a David" (véase 2 S. 16:10). Recordamos a David por su fe el día que se enfrentó a Goliat; pero más fe mostró el día que caminó en silencio cerca de Simei sin responder a sus maldiciones.

Este capítulo me recuerda de la seriedad del pecado ante los ojos de Dios. Muy en el fondo esperamos que si confesamos nuestro pecado lo bastante rápido seremos librados de todo el sufrimiento que trae consigo. David nos recuerda que este no es el caso. Dios no esta siendo injusto cuando permite que las consecuencias de nuestras acciones hagan que nuestra vida se detenga de forma brusca. Todo lo contrario. Al hacerlo el Señor reafirma su amor hacia nosotros, un amor tan grande que Dios hará lo que se necesite para terminar nuestra aventura amorosa con el pecado.

Pedir perdón suena tan hueco a estas alturas, Señor. Por favor déjame sentir una pequeña porción del dolor que mi pecado te causa a ti. Quebrántame de mi aventura amorosa con la desobediencia, y perdóname por echar tu gracia de más. Purifica mi corazón quebrantándome por el dolor que te he causado. Amén.

18

Samuel

Dios es exaltado

Y Samuel creció, y Jehová estaba con él, y no dejó caer a tierra ninguna de sus palabras. Y todo Israel, desde Dan hasta Beerseba conoció que Samuel era fiel profeta de Jehová. Y Jehová volvió a aparecer en Silo; porque Jehová se manifestó a Samuel en Silo por la palabra de Jehová. Y Samuel habló a todo Israel. (1 S. 3:19-21; 4:1)

Hemos explorado a muchas personas a través de las páginas de este libro. Algunos han sido viejos amigos, mientras que otros fueron nuevos conocidos. Ninguno de ellos era perfecto. Algunos, como en el caso de Sansón, son mucho menos que modelos a seguir para usted y para mí. Sin embargo, cada uno sobresale debido a su fe. Por fe ellos caminaron con Dios, por fe intentaron lo imposible, por fe vieron oraciones contestadas y reinos caer. Ellos son héroes reales, hombres y mujeres que nos demuestran las maravillosas posibilidades que nos esperan por delante cuando le confiamos nuestra vida a Dios.

Una de las personas presentadas en el capítulo once de Hebreos sobresale como un hombre al que siempre he admirado. La historia de su vida parece una novela de acción. Fue un hombre de Dios en una época en la que tales hombres escaseaban. La opinión popular no le importó. Sin importar el costo, caminó con Dios y proclamó su palabra. Un verdadero profeta, su nombre describe su pasión: Samuel, Dios es exaltado. Varias palabras lo caracterizan. Audaz, fiel, santo, único, pero sobre todo, Samuel poseía una audacia santa que le daba la capacidad de tomar una postura por Dios contra un sacerdocio apóstata, una nación rebelde y un rey desobediente. Eso es lo que admiro más acerca de Samuel: su audacia. Nunca se hizo para atrás frente a un reto. Su fe lo protegió de ser intimidado por alguien, sin importar la posición de esa persona.

Necesitamos unos cuantos "Samueles" más en nuestros tiempos. Muy poca gente posee la audacia fiel que caracterizó su vida. La timidez abunda en los creyentes modernos. Los estudios demuestran que menos del diez por ciento de nosotros llevaremos a otra persona a los pies de Cristo en el tiempo que nos queda de vida. El resto de nosotros queremos ir a evangelizar; tal vez hasta anhelamos afectar nuestro mundo para Dios, pero el miedo nos paraliza. No decimos nada o sencillamente confundimos la arrogancia irrespetuosa con la audacia bíblica. Hace poco escuché un reporte en las noticias acerca de un niño predicador en un estado del sur de los Estados Unidos, un niño que no tenía problemas con la timidez. Todos los días antes de entrar a la escuela, este niño de diez años se para frente al edificio de la escuela y "predica el evangelio". Pero por desgracia, su idea de predicar es gritar con todas las fuerzas de sus pulmones: "¡Se van a ir al INFIERNO!" No hace falta decir que nadie se ha convertido bajo su ministerio. Este niño tiene un cierto tipo de audacia, pero es una pobre imitación de lo que encontramos en la vida de Samuel.

Desde el principio de su vida, Samuel nos muestra que la audacia que la fe produce es mucho más que solo tener la disposición para decir cosas no muy populares en el nombre de Dios. Samuel vivió en una época oscura. El libro de Jueces describe esta era como un tiempo en el que todos hacían lo que era correcto ante sus propios ojos. Nadie en Israel temía a Dios; de hecho, la mayoría de la gente desconocía a Dios y su Ley. Las luchas entre las tribus era tan comunes que la tribu de Benjamin había sido casi exterminada. La idolatría estaba fuera de control. Durante este período las palabras del Señor eran raras: como el escritor del libro de Samuel lo expresa: "no había muchas visiones" (1 S. 3:1). Nadie hablaba por Dios y nadie buscaba a Dios.

Si la nación estaba en mala forma, el clero estaba mucho peor bajo el mando de Elí, el sumo sacerdote. Sus dos hijos usaron sus posiciones como sacerdotes para alimentar sus apetitos. Tomaron la carne del altar para su uso personal y sedujeron a mujeres que servían a la entrada del Tabernáculo de Reunión. Sus actos demostraban un total desprecio hacia el Señor y sus ofrendas. Dios no significaba nada para ellos; las ofrendas y los sacrificios eran una avenida para sacar un beneficio personal. A pesar de los actos blasfemos de los hijos de Elí, este se mantuvo en silencio. Honró a sus hijos por encima de Dios y no hizo nada para detenerlos y evitar que profanaran el altar y el nombre del Señor. Samuel vio todo esto muy de cerca porque su madre Ana lo había llevado a Elí cuando lo dedicó al Señor.

Samuel sobresalió como alguien único en medio de esta generación rebelde sin decir una palabra. Aún siendo un niño condenó a los dos hijos de Elí por sus acciones. Samuel no imitó a la multitud; no se conformó a la opinión popular. Caminó con Dios. Samuel debió haber sentido una tremenda presión para conformarse a su tiempo, pero escogió obedecer a Dios sin importarle lo que los demás hacían. Imagínese la influencia que los dos hijos de Elí tenían sobre él como sus "ejemplos a seguir". Sin embargo, se negó a seguir sus ejemplos.

La audacia santa comienza con una vida santa. Antes de que podamos tomar una postura por Dios, los que están alrededor de nosotros deben ver a Dios en nuestra vida. Frases como la que acabo de escribir serían un gran "amén" en sermones, pero todo cambia cuando salimos de un culto en la iglesia y nos metemos en el mundo. Nuestra cultura nos rodea con un sistema de valores, sabiduría convencional y un panorama general de la vida que es diferente por completo a los estándares que Dios establece para nosotros con su Palabra. Podemos hablar acerca de "pararnos firmemente contra la corriente", pero la especie humana es muy parecida a la gelatina: Tendemos a conformarnos a cualquier molde del que estemos cerca. El poder de voluntad y una fuerte determinación para hacer lo que es correcto, se evaporan en un instante bajo el calor de la presión de ser como todos los demás.

Esta es la razón por la cual Samuel fue elogiado por su fe, no por su fuerza de voluntad. Por fe se mantuvo firme, porque se aferró al Señor. Puso su vida en las manos de Dios y por fe buscó refugio en ellas. Aún siendo un niño había algo más en su relación con el Señor que un simple compromiso de hacer lo que era correcto. Samuel conocía a Dios. A través de sus momentos íntimos con el Señor, se convirtió de corazón. Durante el período en que Samuel fue juez de Israel, el pueblo le exigió un rey. Hasta este punto en la historia de Israel la nación era en esencia una teocracia: su único rey era Dios mismo. Pero querían ser como todas las demás naciones que los rodeaban, con un héroe nacional al cual seguir. Cuando Samuel escuchó esta petición se enojó, no solo porque la nación lo rechazó como su juez, sino porque rechazaron a Dios como su rey. Su corazón estaba tan unido al corazón de Dios que sintió las mismas emociones que Dios tuvo. Tan grande era su amor por Dios que no podía soportar la idea de que alguien deshonrara el santo nombre de Dios.

Con frecuencia no pensamos en la audacia y en la intimidad con Dios como ideas relacionadas, pero nunca tendremos lo primero sin lo segundo. Eche un vistazo a través de las páginas de la Biblia y encontrará un común denominador a través de las vidas de los que tomaron una postura radical por el Señor. Todos ellos buscaron de manera consecuente una relación íntima con Dios. Poca gente se ha atrevido a arriesgarse a orar como Daniel lo hizo después de que Darío pronunciara un decreto de que todos en la nación debían orar solo al rey. Desobedecer significaba tener una cita con un foso de leones hambrientos. Daniel desafió al rey, no para tomar una postura audaz en contra de una ley injusta, sino para pasar tiempo con Dios que lo había amado toda una vida. Pedro y Juan fueron arrestados y llevados ante el concilio judío bajo acusaciones de esparcir el mensaje de Jesús en la ciudad de Jerusalén. En lugar de acobardarse, Pedro levantó su voz y declaró que Jesucristo había resucitado de los muertos. ¿Qué pudo haberle dado tal audacia cuando apenas unas semanas antes se había escondido en la oscuridad mientras Jesús era crucificado? El concilio vio la razón. En seguida reconocieron que estos dos hombres habían estado con Jesús (Hch. 4:1-13).

Nadie quiere ser un cristiano débil y cobarde. Leemos las historias de Daniel y de los apóstoles y esperamos que si algún día nos enfrentamos a circunstancias similares, tomaremos una postura audaz por el Señor. Sin embargo no nos damos cuenta de que cada día nos da oportunidades de hacer algo para Cristo. A menos que desarrollemos una relación íntima con el Señor, nunca aprovecharemos esos momentos que Dios nos da. La audacia no es un producto de la personalidad, sino del Espíritu Santo obrando en nuestra vida. No podemos iniciarla dentro de nosotros mismos o encenderla cuando la necesitamos, sino que fluye de manera natural de las vidas de los que de forma consecuente desarrollan una relación íntima con el Señor por la fe.

No toda la gente que conoce al Señor puede hablar por Él. De todas las cualidades de la vida de Samuel, esta es la que admiro más. Samuel habló por Dios sin importar las consecuencias. No le importaba si alguien era el sumo sacerdote o el rey de todo Israel: Cuando Dios le daba a Samuel un mensaje, él lo declaraba con completa audacia. Me doy cuenta de que puedo hablar directamente con alguien y decirle con exactitud lo que necesita escuchar cuando no lo conozco. Al sentarme a la mesa con un extraño que acabo de conocer hace cinco minutos, es fácil para mí decirle que necesita arrepentirse y arreglar sus cuentas con Dios. Cuando me siento a la misma mesa con un amigo cercano o algún miembro de la familia, las palabras tienden a atorarse en mi garganta.

Samuel hablaba al grano con los amigos, con la gente que lo conocía, con la gente con la que trabajaba todos los días. Nunca se paró en la esquina de una calle y gritó a los extraños a medida que pasaban cerca de él. Cualquiera puede hacer eso. Se necesita un individuo muy especial para sentarse con el hombre que te está criando y decirle "has hecho enojar a Dios con tus acciones". Cuando Samuel confrontaba a la gente por sus acciones no era irreverente o arrogante. No había saliva escurriéndole por la barbilla mientras pataleaba y gritaba. Sus acciones comunicaban amor y compasión, no odio e intolerancia. Cuando Saúl, el primer rey de Israel, se alejó de Dios, el Señor envió a Samuel a confrontarlo. El mensaje que tenía que decir fue claro: "Dios te ha rechazado y ha buscado un hombre conforme a su corazón para hacerle rey" (véase 1 S. 13:14). Pero cuando le comunicó estas palabras a Saúl, Samuel no fue con la actitud de un tele evangelista quejándose del pecado del día. En su lugar endechó a Saúl. Estaba decepcionado de que el hombre que él había ungido unos cuantos años antes ahora era rechazado por Dios.

Esta es audacia real, la clase de audacia que toca las vidas de otras personas. Los que están a nuestro alrededor nos escucharán cuando conozcan que les amamos en realidad y tenemos su mejor interés en mente. Podemos hacer esto. Dios nos implantará audacia santa en nuestra vida de la misma manera que la que lo hizo en la vida de Samuel. La clave en la vida de Samuel fue su dedicación a Dios. Samuel rindió su voluntad a la voluntad de Dios y no permitió que nada lo detuviera.

La gran necesidad en nuestro mundo de hoy no es que hombres y mujeres se paren con audacia donde nadie antes se haya parado. Una necesidad mucho mayor es que los hombres y mujeres entreguen sus vidas a la voluntad de Dios. Para esas personas, la audacia vendrá a continuación. Desde el día de su nacimiento, toda la vida de Samuel se dedicó al Señor, y esto se veía en su estilo de vida. Dios puso a la iglesia primitiva en el fuego a medida que perdían sus vidas por Él. Nuestro mundo necesita creyentes audaces que deseen tomar una postura por Dios. Usted y yo podemos satisfacer esa necesidad.

Quiero ser como Samuel; quiero tener una postura audaz para ti, Señor. Usa mi vida para levantar tu nombre. Cuando la gente me ve, permite que te vean a ti en lugar de a mi. Dame el valor para levantarme y hablar por ti sin importar las consecuencias, y permite que mi audacia sea llena de tu compasión y amor para sque pueda haber vidas tocadas a través de mí. Amén.

19

Fieles pero olvidados

Destituidos, perseguidos, maltratados

Mas otros fueron atormentados, no aceptando el rescate, a fin de obtener mejor resurrección. Otros experimentaron vituperios y azotes, y a más de esto prisiones y cárceles. Fueron apedreados, aserrados, puestos a prueba, muertos a filo de espada; anduvieron de acá para allá cubiertos de pieles de ovejas y de cabras, pobres, angustiados, maltratados; de los cuales el mundo no era digno; errando por los desiertos, por los montes, por las cuevas y por las cavernas de la tierra. Y todos éstos, aunque alcanzaron buen testimonio mediante la fe, no recibieron lo prometido. (He. 11:35b-39)

Mary y Tim tenían una vida perfecta; ella era maestra y él tenía un buen puesto en una compañía farmacéutica muy importante. Ambos estaban relacionados con su iglesia local y tenían un profundo amor por el Señor. Dos hijos brillantes, una bella casa, el sueño americano: Dios les había bendecido de verdad. Sin embargo, sus vidas sufrieron un giro dramático en una fría mañana de noviembre cuando Mary manejaba por una de las carreteras en despoblado cerca de nuestro pequeño pueblo. De forma inesperada apareció otro vehículo frente al suyo. Cuando trató de evitar el impacto, su camioneta volcó y rodó varias veces antes de detenerse en un campo sembrado. Los paramédicos salvaron su vida, pero no ha vuelto a caminar desde aquél día. Su cuello se rompió en el accidente paralizando su cuerpo de los hombros hacia abajo. ¿Fue Dios infiel con Tim y Mary o no tienen ellos la suficiente fe para levantarla de su silla de ruedas?

Si no fuera por Ron, yo pude no haber terminado el seminario jamás. Él fue mi mecanógrafo durante mi último año de estudio. Pero él era más que eso; era uno de mis amigos más cercanos. Ron terminó su maestría en teología y también recibió entrenamiento en ingeniería de computación. No solo tiene una gran mente teológica, sino que también tiene un agudo sentido del humor. A mi esposa Valerie nos encantaba pasar tiempo con Ron y su esposa, Pam, durante nuestros días en Dallas. Ron está consagrado y aún lo que es más, consagrado a su Señor. Ron y Pam ahora viven cerca de Denver donde están criando a sus dos hijas. Sin embargo, nunca ha visto a sus hijas, ni a su esposa, ni a mí; ha sido ciego la mayor parte de su vida. ¿Ha sido Dios infiel con Ron, o no tiene Ron la fe suficiente para recuperar su vista?

Becky era la abuela suprema. Después de criar a ocho hijos propios hizo lo que pudo para hacer más agradable las vidas de otros niños. Diseñó y decoró la guardería en nuestra pequeña iglesia de manera que fuera una de las mejores en el Estado de California. ¡Cómo amaba a los niños! Cuando yo recién había llegado a Springfield, para ser su pastor, Becky hizo su mejor esfuerzo para hacer que mis hijos extrañaran menos a sus abuelos que estaban a mil quinientas millas de distancia. Tenía el corazón de una sierva y ponía todo lo que tenía al servicio de otros. No puedo pensar en Becky sin ver su cabello gris cayendo a medida que caminaba de un lado a otro. Siempre activa, siempre dando. Un día su actividad cesó. Los doctores encontraron una mancha en su pulmón. Pocos meses después Becky había muerto de cáncer. ¿Fue Dios infiel con Becky o no tuvo ella la fe suficiente para salvar su vida?

Las historias podrían llenar libros enteros. Alrededor del mundo y a través del tiempo algunos de los siervos más fieles de Dios son sometidos a pruebas horribles que nunca terminan. Algunos dirían que Dios les ha dado la espalda, que sus vidas comprueban que no podemos confiar en Dios. Otros dirían que el problema yace muy en el fondo de la persona misma. Si tan solo tuvieran la fe suficiente sus problemas serían resueltos y saldrían victoriosos de sus pruebas.

Ambas declaraciones son erróneas por completo. Dios no puede ser infiel a sus promesas o con sus hijos. En lo que respecta a la falta de fe por parte de estos individuos, considere el caso de la vida de un misionero cuya historia leí hace poco. Todos los días este misionero ponía su vida en situaciones precarias por causa del evangelio. Era uno de esos extraños individuos que querían ir a lugares donde el evangelio nunca había estado antes, una clase de Capitán Kirk teológico. Cada vez que se encontraba a sí mismo en un lío, el Señor lo rescataba. De alguna forma siempre sobrevivía, aunque las golpizas comenzaron a hacer efecto en su cuerpo. Por fin se encontró en una situación de la cual no podía escapar. Su predicación le causó problemas con el gobierno local. Lo echaron en una prisión y lo sentenciaron a muerte. Esta no era su primera vez en prisión, tampoco fue su primera sentencia de muerte, excepto que en esta ocasión Dios no envió ángeles para liberarlo. El apóstol Pablo murió a manos del gobierno romano. No fue su falta de fe lo que le costó su vida, sino todo lo contrario. Pablo estaba tan convencido de que Jesús es el Señor que se negó a quedarse callado, aunque le costara su vida.

Job fue también un hombre de fe, pero su gran fe no evitó que el desastre azotara su hogar. En un día Job sufrió la pérdida de toda su riqueza como también la muerte de sus diez hijos. Como si eso no fuera suficiente, su propia salud se deterioró. Su cuerpo se desfiguró tanto que sus amigos más cercanos no podían reconocerlo. He escuchado algunos tontos predicadores de televisión declarar que Job no hubiese sufrido si hubiese tenido tanta fe como la de ellos. Evalúan la situación pero ignoran la frase de Dios cuando dijo "no hay otro como él en la tierra, varón perfecto y recto, temeroso de Dios y apartado del mal" (Job 1:8).

Job, Pablo, Becky, Ron, Mary y los santos que el autor de Hebreos menciona en su lista, personas cuyos nombres la historia ha olvidado, todos ellos nos confrontan con la incómoda verdad de que la fe no garantiza una vida feliz y libre de problemas. Todos aquellos enlistados al final del capítulo once de Hebreos sufrieron como resultado directo de tomar una postura del lado de Dios. Si ellos hubiesen abandonado la fe y dado la espalda a Cristo, toda su miseria pudo haber terminado pero se negaron a hacerlo. Sabían qué era la fe. Fe no significa creer en Dios para algo; significa aferrarse a Dios aun cuando no nos queda nada más. Significa confiar en Dios y creer en sus promesas aun cuando nunca las veamos hacerse realidad. Cualquiera puede creer en Dios cuando los tiempos son buenos, pero son raros los individuos que continuarán creyendo aun cuando sus piernas no funcionan y sus ojos no ven, o el cáncer les roba la vida un poco más cada día. Esto es de lo que se trata la fe.

Tengo que ser honesto con ustedes. No quisiera intercambiar lugares con los que son tan numerosos que el autor de Hebreos no pudo enlistar. No tengo ninguna prisa por ser golpeado solo porque soy cristiano, o perder todo lo que tengo como premio por seguir a Jesús. Con las burlas sería suficiente, ¿pero ser azotado? Tiemblo con solo pensarlo. Preferiría mucho más ser uno de los que "evitaron filo de espada" (He. 11:34), que ser uno de los que fueron "aserrados" (He. 11:37). ¿A usted no? Queremos un Dios que conquiste todo obstáculo, un Jesús estilo John Wayne que siempre llega en su caballo en el momento adecuado para librarnos. Este tipo de dios solo existe en mitos y leyendas. En la vida real la gente fiel termina en prisión por predicar el evangelio y algunos de ellos nunca son liberados.

La parte más dura de pensar acerca de todo esto es saber que "yo" podría convertirme en uno de "ellos" en cualquier momento. En algún lugar muy en el fondo de mi corazón siempre pienso: "mejor que sean ellos y no yo" cuando oro por personas en situaciones trágicas. Tengo que admitirlo, así sucede. Le agradezco a Dios que no fue mi vista la que fue quitada o mi esposa la que murió, pero mi situación podría cambiar en cualquier momento. Dios no pone un escudo invisible a nuestro alrededor cuando confiamos en su Hijo, pero hace algo aún más grande. La tragedia podría azotarnos pero Dios nunca nos abandona en medio de ella. Él nos saca adelante aún si el viaje dura toda la vida. Los que tienen la fe más grande son los que están dispuestos a confiar en su fidelidad y aferrarse a Dios aun si eso significa que sus piernas nunca volverán a soportar su peso. A pesar de las pruebas ellos saben que el Señor es Señor y que es fiel. No queda duda de por qué el autor de Hebreos dice que el mundo no merece gente como esta: porque viven en un plano diferente al resto de nosotros. Pablo, Job, Becky, Mary, Ron y los que se parecen a ellos son los verdaderos héroes de la fe.

Señor, no sé qué decir en la presencia de estos quienes el mundo no se merece. Mi carne espera que nunca pase por el dolor que ellos han experimentado; sin embargo, yo sé que ellos gozan de un nivel de comunión que yo nunca podré encontrar rodeado de comodidad. Llena mi corazón con compasión por los que sufren. Fortalece mi fe para el día en el que yo también sea tentado. Amén.

20

Usted y yo

Santos, pueblo apartado por Dios

Y todos éstos, aunque alcanzaron buen testimonio mediante la fe, no recibieron lo prometido; proveyendo Dios alguna cosa mejor para nosotros, para que no fuesen ellos perfeccionados aparte de nosotros. Por lo tanto, nosotros también, teniendo en derredor nuestro tan grande nube de testigos, despojémonos de todo peso y del pecado que nos asedia, y corramos con paciencia la carrera que tenemos por delante. (He. 11:39–12:1)

Individualistas descorteses: Esta es la esencia de lo que significa ser un estadounidense. Somos independientes. No necesitamos la ayuda de nadie para sobrevivir, y tampoco necesitamos a nuestros héroes. Al igual que Lewis y Clark viajando a través de un continente inexplorado o Amelia Earhart volando alrededor del mundo, podemos tomar cualquier reto y hacer lo nuestro. Moisés, el hombre que se enfrentó a Faraón por sí solo, hubiese sido un buen estadounidense. De la misma manera Noé, Gedeón y Samuel. Ellos no necesitaron a nadie más. Su coraje y determinación les dio la fuerza para enfrentar cualquier reto de frente, para defender su posición cuando todos los demás huían. Eso es lo que queremos ser. Valientes, con coraje e independientes.

Pero Moisés no se paró solo cuando pronunció sus inmortales palabras a Faraón: "¡Deja a mi pueblo ir!" Noé no obró solo a medida que martillaba clavos por ciento veinte años. David no estaba solo cuando, armado con nada más que una honda y cinco piedras, se enfrentó a Goliat. Ninguno de los héroes de la Biblia enfrentó sus retos por sí mismos. Escuche las palabras que David le dijo a Goliat cuando se enfrentaron cara a cara en la batalla: "tú vienes a mí con espada y lanza y jabalina; mas yo vengo a ti en el nombre de Jehová de los ejércitos, el Dios de los escuadrones de Israel, a quien tú has provocado" (1 S. 17:45). Es obvio que David tenía a Dios de su lado. Todos los niños en una clase de párvulos de Escuela Dominical entienden eso. Sin embargo todavía hay más. Dentro de las palabras de David a Goliat podemos captar una perspectiva de la manera en la que nuestros héroes del Antiguo Testamento se veían a sí mismos en el plan de Dios. Todos ellos entendieron que eran parte de algo mucho más grande que ellos mismos. Cuando David se paró en el nombre del Dios de los ejércitos de Israel, sabía que era parte de los que habían venido antes que él. En un sentido muy real, David no estaba solo. Todo el pueblo de Dios estaba parado junto a él. Con este seguro pudo enfrentar al campeón filisteo y prevalecer.

No solo estaban estos héroes unidos a los que habían venido antes que ellos, sino que también están unidos a usted y a mí. Tan difícil como es para nosotros entender, el plan eterno de Dios nos une con ellos y con todo su pueblo. Sin nosotros ellos están incompletos. Sin nosotros y el resto de la familia de Dios estamos incompletos. La idea de los individualistas descorteses puede ser un buen tema para una película, pero tiene muy poco que ver con el tema de caminar por fe. Por nosotros mismos estamos incompletos. Dios salva personas individuales para que formen parte de su gran familia, una familia que abarca todo el mundo y el tiempo.

Para nosotros es difícil entender esta idea. Por un lado es difícil imaginarnos que Abel, Enoc y Sara pasaran sus vidas enteras trabajando por algo que nunca pudieron recibir en vida. Fueron salvos y ahora están disfrutando de la gloria del cielo, pero aquello sobre lo cual pusieron su esperanza en esta vida nunca estuvo a su disposición. Dios les hizo una promesa, y ellos consagraron sus vidas a buscar esa promesa. Sin embargo, la promesa no se hizo realidad sino hasta mucho después de sus muertes, hasta el día en que Él que había sido prometido nació. Ahora los que esperaban la venida del Cristo y los que vivieron después de su resurrección están unidos a través de la cruz.

No solo estamos unidos en la misma familia en Cristo, sino que los que vinieron antes que nosotros estaban sirviéndonos por medio de sus vidas. Escuche la explicación de Pedro:

> *A éstos se les reveló que no para sí mismos, sino para nosotros, administraban las cosas que ahora os son anunciadas por los que os han predicado el evangelio por el Espíritu Santo enviado del cielo; cosas en las cuales anhelan mirar los ángeles (1 P. 1:12).*

Abraham, Isaac, Jacob, David, y Samuel, cada uno

habló de una promesa que fue cumplida mucho después de sus breves vidas. Ellos hubiesen dado cualquier cosa para conocer las verdades que nosotros echamos de menos. Ellos anhelaban ver al Mesías y entender cómo Dios resolvería de una vez por todas el dilema del pecado y del perdón.

Todo esto debería animarnos. No caminamos solos. El trabajo que estamos intentando por el Señor no empezó con nosotros. Estamos parados en los hombros de todos los que vinieron antes de nosotros. Ninguno de nosotros tiene que empezar de cero. Abel lo hizo. Fue el primero en caminar con Dios por fe. Después de que murió, Set tomó su lugar. Luego Enoc, luego Noé, luego Abraham, luego Isaac, luego Jacob. A través de los tiempos la antorcha ha sido pasada de generación en generación. Cada persona que toma la antorcha depende de la fidelidad de los que corrieron antes, y los que pasan la antorcha dependen de la fidelidad de los que continuarán la carrera. Aunque estamos separados por miles de años y miles de millas, estamos trabajando junto con todo el pueblo de Dios para alcanzar las metas que durarán por la eternidad. Podemos sentirnos solos a manera que tomamos nuestro turno en la pista, pero no lo estamos. El Dios de Abraham, de Isaac y de Jacob corre con nosotros, de la misma manera que lo hizo con todos los que vinieron antes que nosotros.

La antorcha ha sido pasada. Ahora nos corresponde a nosotros correr nuestra parte de la carrera. Todos los que han corrido antes nos rodean, y nos están apoyando. Sus ejemplos nos aseguran que la línea de meta puede ser alcanzada. Las vallas, las pruebas, pueden ser conquistadas por fe. Si escuchamos con cuidado podremos oírlos decir: "si yo pude hacerlo, tú también". Escuchamos a Abel diciéndonos que el precio de la fidelidad vale la pena ser pagado. Escuchamos a Noé asegurarnos que el descanso en verdad nos espera en la línea de meta. En algún lugar a lo lejos escuchamos a Abraham y a Sara diciéndonos que no debemos rendirnos sin importar cuán largo el camino pueda ser. Isaac nos dice que no debemos preocuparnos mientras corremos la carrera; Dios proveerá todo lo que necesitamos. José nos insta a nunca estar satisfechos con los premios menores que se nos ofrecen en el camino. David y Sansón nos advierten de las trampas del camino, y Samuel nos asegura que la victoria es segura. A manera que leemos las historias de sus vida escuchamos sus voces, siempre animándonos a seguir adelante, siempre alentándonos a terminar la carrera.

Nuestra carrera es un maratón, no una carrera de cien metros. Si vamos a terminar necesitamos librarnos a nosotros mismos de todo lo que nos detiene o no hace tropezar por el camino. Necesitamos deshacernos de las cargas innecesarias que nos hacen más lentos. La parte de Sansón en la carrera fue cortada antes de tiempo por el exceso de peso que llevaba con él. Su ejemplo nos demuestra que no podemos correr la carrera por fe mientras que al mismo tiempo solapamos nuestras pasiones. Jacob también luchó mientras corría. Él nunca quiso entregar la soberanía de su vida a Dios. Gran parte del dolor que soportó llegó a medida que el Señor quebrantó su voluntad en un intento de convertir al tramposo en un hombre de fe. Aprendamos de su ejemplo deshaciéndonos de los pesos de orgullo y de la necedad con voluntad propia. No podemos darnos el lujo de gastar tiempo tratando de convertirnos en número uno o crear esquemas para obtener lo que queremos en la vida. La vida es demasiado corta y la carrera es demasiado larga. No hay tiempo que perder.

También necesitamos cuidarnos mientras corremos. Nada detiene al corredor más rápido que tropezarse con una valla o enredarse con otro corredor. Durante las olimpiadas de 1984, una de las esperanzas más brillantes de los Estados Unidos para ganar una medalla en las competencias de pista y campo femenil, Mary Decker, perdió su carrera cuando sus pies se enredaron con la corredora que estaba intentando rebasar. En lugar de cruzar la línea de meta en gloria, su carrera terminó con ella tirada en la pista, dolorida. Hebreos 12:1 nos advierte cuidarnos del pecado que "nos asedia". Me gusta la analogía de este versículo. El pecado se enrolla en nuestras piernas como las plantas trepadoras en una selva, y antes de que lo notemos, nos paraliza.

El autor de Hebreos nos advierte que el pecado no solo nos enreda, sino que lo hace con mucha facilidad. David aprendió esta lección por las malas. Todo su trabajo se derrumbó la noche que miró por su balcón y vio a Betsabé. Pienso que David se sorprendió de la manera tan rápida y fácil en que cayó. Fue como si nunca se hubiera dado cuenta de lo que le estaba pasando. Si David pudo caer, también podemos hacerlo usted y yo. No debemos ser tan ingenuos en pensar que nosotros nunca cederemos a la tentación. Cualquiera de nosotros podría ser el próximo en traer deshonra al nombre de Cristo por medio de nuestras acciones. Todos nosotros somos mucho más vulnerables al pecado de lo que nos imaginamos.

Por lo tanto necesitamos "despojarnos de todo peso y del pecado que nos asedia". La solución al pecado va mucho más allá de evitar fuentes de tentación. Los problemas de David no comenzaron con ver a Betsabé bañarse. La lujuria que lo movió a cometer adulterio vino desde adentro de él. Como Santiago 1:14 nos advierte:

"cada uno es tentado, cuando de su propia concupiscencia es atraído y seducido". El pecado que nos asedia comienza en nuestro interior. Si vamos a ser libres para correr la carrera debemos permitirle a Dios cambiar nuestros deseos por los que fluyen de su corazón. Debemos permitirle de manera constante al Espíritu Santo y a la Palabra de Dios transformarnos a la imagen de Cristo. Sin un cambio radical interior, fracasaremos con la más mínima provocación.

La carrera que estamos corriendo puede ser larga y difícil. La pista parece no tener fin. Aún los corazones más valientes pueden cansarse. ¿Qué es lo que nos mantiene en carrera cuando nuestras piernas nos duelen y la fatiga ahoga el ánimo de los espectadores? Escuche a las palabras de Hebreos 12:2-3:

> *Puestos los ojos en Jesús, el autor y consumador de la fe, el cual por el gozo puesto delante de él sufrió la cruz, menospreciando el oprobio, y se sentó a la diestra del trono de Dios. Considerad a aquel que sufrió tal contradicción de pecadores contra sí mismo, para que vuestro ánimo no se canse hasta desmayar.*

Abraham quería rendirse a medida que los meses de espera se convertían en años. Los padres de Moisés querían rendirse a medida que Faraón le ordenaba a sus tropas matar a todos los niños hebreos varones. Moisés quería rendirse durante los cuarenta años de escuchar a los hijos de Israel quejarse. Pero algo los mantuvo firmes: continuaron la carrera porque sus vistas estaban puestas en "la ciudad (...) cuyo arquitecto y constructor es Dios" (He. 11:10). El premio que les esperaba les dio la fuerza que necesitaban para aferrarse a la promesa por fe.

Los santos del Antiguo Testamento vieron solo una sombra de lo que vendría en comparación con todo lo que Dios reveló con claridad en el Nuevo Testamento. El premio en la línea final es más que las puertas del cielo. Debemos poner nuestros ojos en Él, quien hará el cielo glorioso, quien hará todas nuestras pruebas y peripecias verse como si fueran nada. Nuestra meta es estar con Jesús, quien está a la diestra de Dios y el único que nos amó tanto que dio su vida por nosotros. Su ejemplo nos inspira, su amor nos sorprende, y la perspectiva de estar al fin con Él nos mantiene firmes cuando desearíamos mejor rendirnos. Nuestro objetivo, el premio por el que corremos, es estar en su presencia por los siglos de los siglos. Ahora corramos. La antorcha que nos ha sido pasada.

La carrera es larga y extenuante. Con mi propia fuerza nunca la terminaré. Te pido Señor, la fuerza y la determinación para correr la carrera que tú has puesto delante de mí. También te pido que mi vida sea edificada sobre el trabajo de los que estuvieron antes que yo. Úsame para continuar el trabajo eterno que tú comenzaste en las vidas de los héroes que yo admiro. Toma mi vida y glorifica tu nombre a través de ella. Amén.

Otros libros de
EDITORIAL PORTAVOZ

Otros libros de
EDITORIAL PORTAVOZ